道德经沉思录

DAODEJING CHENSILU

谭春雨 梁尚华 著

广西师范大学出版社
GUANGXI NORMAL UNIVERSITY PRESS
·桂林·

图书在版编目（CIP）数据

道德经沉思录 / 谭春雨，梁尚华著. --桂林：广西师范大学出版社，2020.10
ISBN 978-7-5598-2902-3

Ⅰ.①道… Ⅱ.①谭…②梁… Ⅲ.①道家②《道德经》－研究 Ⅳ.①B223.15

中国版本图书馆 CIP 数据核字（2020）第 092343 号

广西师范大学出版社出版发行

（广西桂林市五里店路 9 号　邮政编码：541004）
网址：http://www.bbtpress.com
出版人：黄轩庄
全国新华书店经销
广西广大印务有限责任公司印刷
（桂林市临桂区秧塘工业园西城大道北侧广西师范大学出版社集团有限公司创意产业园内　邮政编码：541199）
开本：889 mm × 1 240 mm　1/32
印张：8.25　　字数：240 千
2020 年 10 月第 1 版　　2020 年 10 月第 1 次印刷
定价：58.00 元

如发现印装质量问题，影响阅读，请与出版社发行部门联系调换。

序

张超中

《道德经》原称《老子》，李唐时期尊其为经，清代魏源曾赞为救世书。及至现代，王明先生对原始道家和道教经典用力甚勤，他的《太平经校释》和《抱朴子内篇校释》等皆受到国内外学界的广泛推崇，但其对《老子》的看法则没有引起足够的重视。王明先生认为，"半部《老子》革天下"。实际上，《老子》文本及其思想在当代世界的自发传播确实印证了王明先生的预见，而其所谓"革"，我认为有"洗心革面"之义，即通过自愿的自我革命而带来世界的变化。

我之所以强调"自愿"，这是我读了谭春雨教授的《化解负能量——道德经圣人门径解密》之后得出的印象，并且也相信这是众多《道德经》读者的共同感受。谭教授现在以中医药科研和临床为业，其在求学期间对这部经典著作本没有多少接触。据他自己介绍，他对《道德经》的浓厚兴趣源于写作《中医发生学探微》期间，并从此日渐深入，遂有新著问世。

我和谭教授相识于中国哲学史学会中医哲学专业委员会举办的学术活动，听他的发言，常常是文化自信溢于言表。2018年4月27日，我应邀参加"中医药国际化传播及相关问题研究"学术论坛，这是上海中医药大学《中医药文化》杂志举办的第三届学术交流会，会后我和谭教授小酌，双方曾就《道德经》的义理问题交换过看法。自从韩非作《解老》和《喻老》之后，历代注释可观者甚多，但争论也很大。谭教授不愿作壁上观，故不辞辛劳，望以义理新释贡献于当代学术。我在拜读之后，深感这是谭教授研究《道德经》的自得之言，也恍然觉悟到各家注释无非也是自得之作，遂服膺于庄子"不齐之齐"之道术。

在与谭教授的交谈中，我感到他对中医的领悟曾经发生过革命性的改变。当其在临床上无路可走时，抛弃教条式的思维，尝试谨遵病机，结果竟然是云开雾散，真正是效如桴鼓。虽然病症依然复杂，但看病不再复杂，由此奠定了云游天下的基础。今观其新著，在各章的"释义"和"按语"中，处处可见其职业上的"鸿爪雪泥"，对此我颇多感慨。

近代以来，因与西方科学格格不入，中医药饱受诟病，并由此形成了当今中医药西化的顽症。谭春雨教授在学生时代对《道德经》等中国传统文化典籍并不熟悉，其原因就在于主流的教育观点遮蔽了中医学的本来面目，导致中医学子误入歧途，中医药事业发展后继乏人。谭教授有幸从事中医临床工作，且有能力从中自悟自救，而那些以科学改造中医者又将何时才能回头？因此，我把《道德经沉思录》的出版看成一个象征，即中医药习业者"洗心革面"与向传统回归的象征。

孙思邈等古代大医皆熟读《老子》，注释《老子》，我本人也倾向于认为《黄帝内经》能够与《老子》互释。只有感受到"古之博大"，才能开辟出中医药的新天地，我想这是未经商议的共识。我和谭教授也确实达成过共识，当时皆认为未来的国医大师必经由中医哲学的启蒙和教化。今天借此机会记述下来，以相商于同道。

张超中识于中国科学技术信息研究所
2018年9月29日

目录

前言	1		第二十章	79
第一章	19		第二十一章	84
第二章	24		第二十二章	88
第三章	29		第二十三章	91
第四章	32		第二十四章	93
第五章	35		第二十五章	95
第六章	38		第二十六章	99
第七章	40		第二十七章	101
第八章	42		第二十八章	105
第九章	45		第二十九章	109
第十章	47		第三十章	112
第十一章	51		第三十一章	115
第十二章	54		第三十二章	118
第十三章	57		第三十三章	121
第十四章	59		第三十四章	123
第十五章	62		第三十五章	125
第十六章	65		第三十六章	127
第十七章	69		第三十七章	129
第十八章	72		第三十八章	132
第十九章	75		第三十九章	137

第四十章	141	第六十二章	204
第四十一章	145	第六十三章	206
第四十二章	148	第六十四章	209
第四十三章	152	第六十五章	213
第四十四章	155	第六十六章	216
第四十五章	157	第六十七章	219
第四十六章	160	第六十八章	222
第四十七章	163	第六十九章	224
第四十八章	165	第七十章	226
第四十九章	168	第七十一章	228
第五十章	170	第七十二章	230
第五十一章	172	第七十三章	232
第五十二章	175	第七十四章	235
第五十三章	178	第七十五章	238
第五十四章	181	第七十六章	240
第五十五章	184	第七十七章	243
第五十六章	187	第七十八章	246
第五十七章	190	第七十九章	249
第五十八章	193	第八十章	252
第五十九章	197	第八十一章	255
第六十章	200		
第六十一章	202	参考文献	240

前言

新文化运动以来，因为日渐风行的传统文明批判否定思潮，大多数国人越来越远离国学。不过，人性各异，每个时代总有不识大局、不从大势、固执己见、无所畏惧的腐儒，徜徉在自己信仰的精神王国，哪怕粉身碎骨。在对待传统文化上，笔者就属其中为数不多不合时宜的另类。但惭愧的是，一直到而立之年，笔者对传统文化，只是闲来漫读思趣，陶冶心性，从来谈不上深入，更谈不上研究。

改变这种泛泛不精读书习惯的契机，是后来研究中医学术思想史的需要。由此，笔者开始大量研读医学以外的中国古代文化，特别是先秦文化，更是倾注很多心力。在此过程中，逐渐迷上了《道德经》。迷上《道德经》，直接原因是道家的宇宙本体论、宇宙演化观及天人哲学是传统中医学的哲学思想源头。而更深层次上，是被其深沉究极、恢弘缜密的宇宙本体论、宇宙演化观及天人哲学所展示的跨越时空的人文社会学价值，乃至自然科学价值所震撼。

历史上，痴迷、研究《道德经》宇宙观及天人哲学精神者，两千五百年来，一直前呼后拥，络绎不绝，而且是跨越民族、种族，以及国界界限的。其中有志趣天下、雄才大略的帝王将相；有醉心天人真谛的文人墨客；也有固执一行一业的精英，如科学、法律、宗教、企业管理、医学、艺术，等等。可谓三教九流，无所不及。元代正一天师张与材曾说："《道德经》八十一章，注本三千余家。"元代以降，迄至今日，注家更多。当今粗略估计，《道德经》注本有五千家以上，其中外文译本已达五百余种，涉及三十多种语言。而且，至今国内外仍然每年都有新的《道德经》著述成果面世。

一本仅有五千余字的著作，在悠长的岁月长河中，滋养了古今中外各行各业人们的心灵，其显示出的绵延不绝、蓬勃旺盛的生命力，在人类文化史上是绝无仅有的，也从一个侧面说明《道德经》具有无与伦比的、超越时空的文化魅力和价值。不过，如此庞大的研究队伍前赴后继两千多年，从另外一个角度理解，又提示了一个很严酷、也很尴尬的事实：至今世人在《道德经》很多内涵思想，乃至最基本的字词释读上，仍然没有达成共识，所以才会不断有新人尝试解读出新的东西，因此造就了这一研究领域千百年来百家争鸣、百花齐放的壮观的文化景象。

习近平说："中医药学凝聚着深邃的哲学智慧和中华民族几千年的健康养生理念及其实践经验，是中国古代科学的瑰宝，也是打开中华文明宝库的钥匙。"这种看法，可谓切中肯綮，要言不烦。著名哲学教授楼宇烈说："研究中国哲学和中国文化，如果不懂得中医，中国哲学的根本特征是把握不住的，中国文化的根本精神也是体会不到的。"笔者于这些观点深有感触，确实，中医学是最能体现中国哲学灵魂的生活实践学科，中医学的根本精神跟中国传统文化是一脉相承的，中医学最充分、最全面地诠释了中国哲学和中国文化的思想理念和实践价值。

唐代伟大的医药学家、养生学家孙思邈说："原夫神医秘术，至赜参于道枢。"中医学的哲理灵魂源自道家，这是古今学界的主流看法。确实，中医学作为一种具有高度生活实践性的知识体系，在博大的中国文化中，是最能直观体现道家天人哲学精髓及其生命活力的学科。纵观历史，自古名医大家，也多精通道家，甚至很多就是道家门徒，如张仲景、华佗、董奉、葛洪、陶弘景、孙思邈、王冰、刘完素、朱丹溪、徐大椿、傅山，等等。所以，学习研究道家文化，非常有益于中医学的理论实践体悟，而学习研究中医学，也同样非常有助于道家文化的深刻理解。本书的写作动机，最初正是因为这一点。笔者之于《道德经》的主要认知观点，也是在长期传统中医学理论与临床研究实践体悟基础上，汲取易学、魏晋玄学、宋明理学以及诸多前贤相关研究成果形成的。

1. 关于本书底本选择

《道德经》在两千多年流传过程中，形成了很多版本。清代之前，《道德经》版本有 103 种之多。现今所能见到的最早的《道德经》版本，是湖北荆门郭店楚墓中出土的战国竹简本，其次是长沙马王堆汉墓出土的西汉帛书本。历史上，流传最广的《道德经》版本是三国曹魏王弼注本和汉代河上公注本。其中，以王弼本和西汉帛书本最受近现代学术界的推崇。

版本的考证当然非常重要，但本书主旨无意于此。基于荟萃百家、积优一身的想法，本书以公认最好的王弼注本为底本，参考西汉帛书本、战国竹简本以及后世学者关于错简、衍文等比较一致的认识，综合后形成新的文本，可谓十足的"大杂烩"。

如《道德经》四章"湛兮，似或存"句上，世本都有"锉其锐，解其纷，和其光，同其尘"一段，而该段文字尚见于五十六章，本书依多数注家观点删去。再如《道德经》十章，世本在"明白四达，能无知乎"句后尚有"生之畜之，生而不有，为而不恃，长而不宰，是谓玄德"一段，因与前文无逻辑关联，且重见于五十一章，本书按马叙伦《老子校诂》、陈鼓应《老子今注今译》等观点删除。如此等等。

2. 道气合一宇宙本体论

宇宙通过不同时空上的物质演化变迁来表征其存在。万物的发生根源是什么，或者说体现宇宙存在的本原是什么，几乎是古今中外所有哲学派别都十分关注的命题，科学的终极使命也落在这一点。在中国古典哲学典籍中，《道德经》最早明确回答了这个问题。《道德经》四十二章说：

道生一，一生二，二生三，三生万物。万物负阴而抱阳，冲气以为和。

"道""物""气"是中国古典哲学中最重要的几个概念。"物"指形而下的宏观实在具象体,"气"是构成宏观实在万物的微观物质本原体,"道"是生化万物的动力源泉。

"万物负阴而抱阳,冲气以为和",万物皆是宇宙微观本原之气在正反阴阳二性力量推动作用下,相互冲合制化,形成具有相应宏观阴阳对立统一属性特征的客观实在体。《周易·系辞》说"一阴一阳之谓道",宇宙微观本原之气天然禀赋的这种对立矛盾又正反合一的阴阳动能力量即是"道"。

"夫物芸芸,各复归其根","道生一,一生二,二生三,三生万物"。宏观复杂的宇宙万物在自身道的作用下,解体形成单一简朴的微观本原之气。微观本原之气在各自道的推动下,合和分化成阴阳二气。阴阳二气抟合互制形成阴阳合和之气。阴阳合和之气继续抟合互制,最终形成千奇百态的宇宙万物。宋代理学家朱熹正是基于这种宇宙本原之气所禀赋的正反阴阳二性道理观认为:

阴阳虽是两个字,然却是一气之消息,一进一退,一消一长,进处便是阳,退处便是阴,长处便是阳,消处便是阴。只是这一气之消长,做出古今天地间无限事来,所以阴阳做一个说亦得,做两个说亦得。阴静之中自有阳动之根,阳动之中又有阴静之根。动之所以必静者,根于阴故也;静之所以必动者,根于阳故也。

所以,《道德经》的宇宙本体论,实际上是由"道"和"气"两个哲学观念体共同承担的。"气"的物质本体论内涵,如《道德经》所见,自先秦确立后,后世几无争议。但对于"道"的本体论内涵,后世争论不休,至今仍未停息。

一种观点认为,道是精神性的,是脱离物质实体而独立存在的宇宙造物主;一种观点认为,道是客观实在的宇宙物质本体及其功能的统一体,所以是体用合一;还有观点认为,道是事物发生形成及其演化变迁的规律,非体非用。究竟何谓"道"?《道德经》二十五章说:

有物混成，先天地生。寂兮寥兮，独立而不改，周行而不殆，可以为天地母，吾不知其名，强字之曰道，强为之名曰大。

天地诞生之前，宇宙自有其永恒的物质存在，这种宇宙本体论显然是彻底的唯物观。"混成"之物的本原，自然就是宇宙的本原之气。天地诞生之前的宇宙本原之气，彼此之间没有任何相对稳定的空间作用关系，无秩序性结构复合体形成，浑然一体，所以谓之"混成"。

"寂兮寥兮，独立而不改"则是形容宇宙本原之气无合无离、无变无别的单调同一性状。

"周行而不殆"，是说宇宙本原之气天然禀赋运动性，而且这种运动性是正反阴阳二性的对立统一体。二者彼此依存，消长互化，此盛则彼衰，此衰则彼强，盛极而衰，衰极而盛，所以能推动气循环往复、永不停歇地运动。气天然禀赋的运动性，决定其自身的时空运行轨迹，主导气与气之间的聚散离合，形成天地万物的造化与毁灭，所以说"可以为天地母"。

"道"从"辵"，从"首"，"首"者，头脑，本意指意识控制下的身体活动，气禀赋的运动性作用与气本身而言，神似人的头脑控制主导人的思想行为活动，所以谓之"道"。

气之所以"周行而不殆"，是由其本身禀赋的正反依存消长互化规律特征的道所决定的。道的这种机能特征，《道德经》四十章做了更加明确的解释：

反者，道之动；弱者，道之用。天下万物生于有，有生于无。

反，向相反方向转化；动，从"重"，从"力"，用力推物使之位移；弱，减弱，变弱；用，使用，耗费。"反者道之动"，万物任其自然发展，之所以会不断地向属性的相反方向演变，是因为道的"变动"造成的。"弱者道之用"，万物任其自然发展，其正面属性会愈来愈衰弱，是因为道被"消耗"掉了。

道的"变动"为什么会导致万物向相反属性演变？道的"消耗"又为什么会导致万物正面属性越来越衰弱呢？

　　道推动气及万物正面属性发展过程中，同时还形成与之相反的负面属性，说明道本质上是正反两种力量的对立统一体，《道德经》四章"道冲而用之"正是基于这种观点而言的。

　　道推动气及万物演化的过程中，其正面属性不断衰弱，说明推动这种正面属性形成的力量处在不断消耗减弱的过程中；与此同时，其负面属性不断形成、增强，说明推动这种负面属性形成的力量处在不断蓄积增强的过程中。这就是说，道这种正反矛盾合一性的力量，始终处在此消彼长、此长彼消的规律性变化过程中。

　　"有"，存在，此处引申为"显"，即能够被外界感知，指正在推动气运动的力量，因为其存在通过万物生化过程中的外在形象功能属性特征表现出来，能够通过一定途径被外界感知，所以谓之"有"。

　　"无"，不存在，此处引申为"隐"，不显，指推动气运动的另一方力量，因为其存在无法通过万物生化过程的外在形象功能属性特征表现出来，不能够被外界感知，所以谓之"无"。

　　万物体现在外的生化演变趋势根本上都是由当下正在推动气运动的这一方力量主导的，所以说天下万物都是依靠"有"道而生。道是正反两种力量互依互化的合一体，所以体现出来的"有"道根植于潜藏不显的"无"道。

　　《周易·系辞》说："形而上者谓之道，形而下者谓之器。""器"即物，是占据一定空间的实在形质体。人们日常观念中的"器"都是可以直接感知的宏观物体。这些物体若追究来源根本，皆由同一不可再分的微观形质本原体构成的，这种微观形质本原体就是气，后世又称为元气。如《庄子·知北游》说："通天下一气耳。"扬雄《橄灵赋》说："自今推古，至于元气始化。"王充《论衡·言毒》说："万物之生，皆禀元气。"《道德经》六十二章说："道者，万物之奥也。""道"是气运动不息、生生不已的动力源泉，是无法具现的、不能直视的，但却操控着万物的发生形成，所以谓之"形而上"。道无气则无所依存，气无道则死寂不动，所以形质性的"气"以及"器"与机能性的"道"合一不可分离，二者互相依赖对方各自表征的存在。

《韩非子·解老》说："道者，万物之所然也，万理之所稽也。理者，成物之文也；道者，万物之所以成也。故曰：道，理之者也。物有理，不可以相薄，故理之为物之制，万物各异理。万物各异理，而道尽稽万物之理，故不得不化；不得不化，故无常操。"韩非子对"道"与"理"的概念界别与内在关系阐述，殆至宋明理学，得到系统发扬。其基本观点是：宇宙万物皆禀赋普遍共同性质的"道"，但又各具殊"理"。如朱熹说"道是统目，理是细目"，"'道'便是路，'理'是那文理"，"上而无极太极，下而至于一草、一木、一昆虫之微，亦各有理"。道者，理也；器者，气也，由《道德经》的"道器不离"观，宋明理学进一步明确形成"理气不离"论。如程颐说理气"体用一源，显微无间"，朱熹说"天下未有无理之气，亦未有无气之理"，"理也者，形而上之道也，生物之本也；气也者，形而下之器也，生物之具也"。

《道德经》的宇宙本体论，是以道气不离观为核心的二元一体论。但《道德经》的天人哲学重视道，而不重视气。这是因为气只是宇宙的物质本体，假设自身没有运动性的动能之道，气永远是静止死寂的，宇宙因此不会有任何变化，天地万物也不会形成。气正是因为天然禀赋道性，才能运动不息，聚散离合，演绎出气象万千的世界。"道者，万物之奥也"，追究宇宙间的任何气物变化，深层上都有其必然的道机原理。人类生命同样是特定道机作用的产物。人类文明的产生形成及其发展演变，深层次上同样有其客观必然的道机原理。

《道德经》十六章说"夫物芸芸，各复归其根。归根曰静，静曰复命。复命曰常"，《道德经》三十章说"物壮则老，是谓不道，不道早已"。盛极而衰，衰极而生，返本复始，天地万物始终重复着螺旋式循环往复的演化模式。而这一切的主导者就是道。所以，在宇宙演化这盘旷世棋局中，气只是棋盘上无自主意识及能力的棋子，道才是操盘全局的棋手。人类要认知世界的变化规律，创造美好的生活，最重要的是认识道，而不是气。这是《道德经》天人哲学重视道而不重视气的根本原因。

3. 循环论宇宙演化观

宇宙的物质本体是气，宇宙万象演化的动力源泉是道，道气相互依存、协同展现宇宙的存在。那么气在道的作用下，宇宙表现出什么样的演化特征呢？

凡事盛极而衰，衰极而盛，则其变化循环往复而不断。《道德经》认为，道的正反依存消长转化性规律，决定了宇宙微观本原之气"周行而不殆"模式的无限循环运动性特征。体现在宏观万物造化上，在有限时空象限里，就是万物的生灭兴盛交替；在无限时空象限里，就是至简至朴、混沌一体的宇宙本原之气经历漫长的化合过程，形成千奇百态的万物世界，接着这个万物世界盛极而衰，走向漫长的毁灭之路，最后又回归到至简至朴、混沌一体的宇宙本原之气状态，进入下一轮万物造化过程。

《道德经》循环论宇宙演化观，在认知上，可以割裂为万物生成论及万物毁灭论两个时相部分来看。实际上，《道德经》也正是从这两个方面分别阐释的。

《道德经》四十二章说："道生一，一生二，二生三，三生万物。万物负阴而抱阳，冲气以为和。"这是《道德经》的万物生成论。

"道生一"是指复杂的万物世界在自身道的负性毁灭动能作用下土崩瓦解，最终回归至简至朴、无序混沌的宇宙本原之气状态，"一"即是强调这种无序混沌之气的同一性。《周易·系辞》用"易有太极"来说明这一过程，"易"者，变易，指道的作用；"太极"，即"大极"，形容无序混沌之气所占的空间之广。《道德经》二十五章"有物混成，先天地生，寂兮寥兮，独立而不改，周行而不殆，可以为天地母"，即指此宇宙态而言。

"一生二"，至简至朴、无序混沌一体的宇宙本原之气在各自运动过程中，相互碰撞，逐渐形成属性、功能对立相反的两类聚合体，其中相对明亮、温热、升散、宣浮、运动等功能属性特点者称为阳气，相对晦暗、寒凉、潜敛、沉降、宁静等功能属性特点者称为阴气。《周易·系辞》用"太极生两仪"来表述这一过程，"两仪"，即对立矛盾的阴阳二气之象。

"二生三"，三，即阴阳二气相互制化形成的阴阳和气，如《淮南子·天文训》说："道始于一，一而不生，故分而为阴阳，阴阳合和而万物生。"阴阳和气因其内部阴阳二气的多少、盛衰各有其性，各呈己能。如四时阴阳五行之气、四时三阴三阳六气，等等，各凭其阴阳盛衰不同，促成自然界四季气候的寒热温凉转换以及生命万物的生长收藏之变。

"三生万物"，不同属性的阴阳和气继续相互化合，形成属性功能复杂多样的不同具象物质类别及个体，因其数量繁多，难以计数，故特以"万"来形容。

"万物负阴而抱阳，冲气以为和"，这里的"阴""阳"指万物本原之道对立统一的正反二性，及由此主宰的万物正反对立统一的矛盾属性，与《周易·系辞》"一阴一阳之谓道"中的"阴""阳"同义。万物皆由气构成，气天然禀赋正反依存、互化合一的道性，不同个体的气分别在各自正反合一之道的推动下，相互冲合，相互制化，最终形成具有对立统一的物质体，所以万物也自然负"阴道"抱"阳道"。

《道德经》十六章说："致虚极，守静笃；万物并作，吾以观复。夫物芸芸，各复归其根。归根曰静，静曰复命。复命曰常"，这是《道德经》的万物毁灭观。

天地万物任其自然发展，不加外界干涉，一定时间后，必然会由于负面之道动能的不断蕴积，以及正面之道动能的不断消减，开始走向与之前完全相反的衰亡"复归"之路。

此后，以前负面之道的动能变成主导万物演化方向的"根本"，并随着天地万物的不断衰亡"复归"，其动能又开始不断减弱。与之相应随，以前促进天地万物生发盛壮的正面之道的动能，则变成事物走向衰亡"复归"之路的阻力,并开始不断增强。

衰亡过程中的天地万物最终整体解体,"复归"到无物、无象、无声的、了无生机的寂然的混沌一气状态,这就是"静笃"与"虚极"的宇宙,"归根曰静"即指此而言。

极则必反,"静笃""虚极",了无生机的混沌一气宇宙,其时"复归"的动能消耗殆尽,相应地促进天地万物重新发生形成的动能强盛至极,所以宇宙从此又开始展现蓬勃生机,走向日新月异、欣欣向荣的万千世界,此即"静曰复命"。

天地万物生而灭,灭而生,在"归根"与"复命"之间无限循环,从根本上看,是由道的二元对立矛盾依存互化机能属性决定的,只要没有外界环境因素额外施加影响,这一规律将是永恒不变的,所以"复命曰常"。

4. 德的天人哲学要素

气是形成万物的微观物质本原体。宇宙没有微观的物质本体气,就不会有气象万千的宏观天地万物。但气只是浩渺宇宙中的棋子,真正主导天地万物生死存亡、兴衰成败的则是道。

作为万物之一种,人同样是气在道作用下的产物。溯本求源,人的一切生命活动现象都有其必然如此的独特道机原理。不过,相较于其他物类发生存续演化的自然而然性,人类生命还有禀赋独特的思维创造能力,这就使得其具有主动利用天地万物自然变化,甚至改变天地万物自然变化,进而使之服务自身生命利益的特殊能力。而要实现这些愿望,就必须从认识、利用道这个天地万物的主宰者开始。

万物有生有灭,人类生命同样有生有灭,这是道正反依存互化性的必然结果。不过,由于唯生意识的引导,人类在面对攸关己身利益事物发生形成之道的正反二性上,呈现出特定的主观选择性。

凡有利于人类生存繁衍的事物,人们自然想尽一切办法张扬其内在的生生之道,化解其内在的毁亡之道,使其茁壮成长;而那些不利于人类生存繁衍的事物，人们又需要想尽一切办法来扼杀他内在的生生之道，张扬其内在的毁亡之道，使其走向消亡。这是人类面对万物发生形成之道时的一个基本态度。

人类生存繁衍过程中，要面对数之不尽的生命危险，单凭个人能力不可能应付与化解，所以人类必须走社会化、国家化乃至天下一家的协同共荣之路。这就要求人们对利害的分辨、对道的取舍，是基于社会的乃至国家、天下的集体范畴，而非只是基于个人利益考量，即《礼记·中庸》所谓"万物并育而不相害，道并行而不相悖"的人文精神。

《道德经》正是基于人性这两个方面认知，形成了"德"这个独特的天人哲学关系纽带。何谓"德"？

"德"字由"彳""十""目""一""心"组成。"彳"，本意指走，喻人的行为；"十"，指代直线，表示目标与方向；"十"下是"目"，表示紧盯目标与方向而行动；"一"，指事物的根本、宇宙的根本，即道气合一之体；"心"，思想意识所生之处，"心"在"一"下，表示这种思想意识是基于事物根本原理的认识，即道气合一的道家宇宙本体论而来。

人的主观能动活动总是基于一定目标方向进行的，如果这个目标方向是基于道的本体论认识而形成的，那么这种思想品行就具备了"德"性的前提基础。如《道德经》二十一章说"孔德之容，惟道是从"。

遵道是德性的基础，但"德"性并不等于"道"性。"反者道之动，弱者道之用"，"天下万物生于有，有生于无"，"万物负阴而抱阳，冲气以为和"，"道"是正反二元动能的对立依存转化统一体，既可以生物，也可以毁物。对于人类来说，有些事物是有益的，需要生之；有些事物是有害的，需要毁之。对于唯生意识的人类来说，维护蓄养有益于人类利益事物的生存发展，破除不利于人类生存利益事物生存发展的思想品行才具备德性，这是德的第一要素，如《道德经》五十一章说"道生之，德畜之"。

长远看，人类利益的维护必须在人与人之间的协同共荣过程中才能真正实现，所以只有抛开个人利己主义，着眼于大众群体利益的创造与维护，以服务他人、奉献社会为宗旨的思想品行才算真正进入德性境界，这是德的第二要素。如《道德经》五十一章说："生而不有，为而不恃，长而不宰，是谓玄德。"至于生活中如何达到这种道德境界，《道德经》提出"慈""俭""不敢为天下先"三条基本处世原则，如《道德经》六十七章说："我有三宝，持而保之：一曰慈，二曰俭，三曰不敢为天下先。慈，故能勇；俭，故能广；不敢为天下先，故能成器长。"

5. 化反从正原则的实践观

对立矛盾及其相互依存转化性是宇宙间一切事物的基本属性特征，这是道正反对立矛盾力量依存消长互化机能的必然外在体现。

事物在其诞生之初，生生之机最旺盛，毁亡之机最微弱，如果没有外力干涉，此后随着事物的不断成长，其生生之机逐渐减弱，毁亡之机逐渐增强。一旦事物毁亡之机的力量胜过生生之机的力量，毁亡之机开始主导事物的演化方向时，事物随之逐渐衰弱，最后彻底毁灭。

人类具有基于利益考量的感情意志偏向性，总是希望那些有益于自身的事物或事物属性顺利成长起来，甚至能够长盛不衰，而那些不利于人类利益的事物不要形成，或尽早消亡。为此，人们必须躬身其中，进行适当的主观能动性干预，以期目标的最终实现，由此形成独具人文特色的实践观。

《道德经》二十八章说："知其雄，守其雌，为天下溪"，"知其白，守其辱，为天下谷"。和儒家注重发挥正能量，崇尚"立德、立言、立功"的功利主义实践观不同，《道德经》的实践观是坚持问题导向的，强调负能量的化解，崇尚"为无为则无不为"的化反从正实践模式。《道德经》二章系统阐述了这一观点：

天下皆知美之为美，斯恶已。皆知善之为善，斯不善已。有无相生，难易相成，长短相形，高下相盈，音声相和，前后相随，恒也。是以圣人处无为之事，行不言之教。

世间一切事物都在对立矛盾属性的制约统一关系中存在，在对立矛盾属性的盛衰消长过程中演化，这是道正反对立矛盾依存转化性的必然外在体现。所以化解破除事物对立矛盾属性中的一方，另一方属性会因为制约力量的减弱，自然顺利发展壮大。人类文明的演化也同样遵从这一规律，只要根除生活环境中一切丑陋的事物，杜绝社会生活中一切邪恶的行为，那么天下人就自然能够知美从美、知善从善。《道德经》反复强调这种化反从正实践模式的重要性。

如《道德经》二十二章说："曲则全，枉则直，洼则盈，敝则新，少则得，多则惑。是以圣人抱一为天下式。"《道德经》三十六章说："将欲歙之，必固张之；将欲弱之，必固强之；将欲废之，必固兴之；将欲取之，必固与之。"《道德经》四十一章说："故建言有之：明道若昧，进道若退，夷道若纇，上德若谷，大白若辱，广德若不足，建德若偷，质真若渝。"器物修补了残缺，自然就完美了；木头刨平了弯曲，自然就变直了；水注满了低洼，池塘自然就满盈了；革除了积弊，事物自然就换新了；解决了贫穷根源，自然就富裕了。要想敛藏某一事物，最好的方法是先禁锢或破除其张扬之道；要想削弱某一事物，最好的方法是先禁锢或破除刚强之道；要想废除某一事物，最好的方法是先禁锢或破除其生发成长之道；要想取得某一事物，最好的方法是先禁锢或破除其亡失之道。要追求光明，化解制约光明的阴暗因素就可以了；要想进步，断绝导致退步的因素就可以了；要走平坦的道路，铲平崎岖不平就可以了；要养成高尚的道德，克服无德之性就可以了；要想洁白无瑕，清除各种污渍就可以了；要培养完美的道德，弥补自己的不足就可以了；要增强德性，化解削弱德性的思想行为就可以了；要让事物体现本来面目，清除沾染其中的污垢就可以了。

道家圣人正是基于万物正反依存互化原理，奉行以消解负能量为基本原则的化反求正实践路径。即通过破除反面事物，或者事物的反面属性，来间接促进正面事物，或正面属性的发生形成。具体体现在生活处事上，一是"处无为之事"，即直面世人不想发生的事物或事物属性，尽全力化解破除，以方便世人所期盼的事物或事物属性能够顺利地形成，并不断发展壮大。二是"行不言之教"，即直面世人厌弃忌讳的邪恶思想行为方式，想方设法化解破除，让世人倡导的言行教令能够顺利自然无障碍地得以贯彻执行。

6.《道德经》的价值与影响

在人类文化史上，曾经闪光一时的著述数不胜数，但能流芳千古、耀眼世界的经典却少之又少。这其中，轴心时代的《道德经》无疑是冠绝群伦、独领风骚的存在。

据统计，在人类文化史上，《道德经》是除《圣经》以外被译成外国文字发行量最多的名著。《圣经》之所以影响世界，一个非常重要的原因是其背后庞大宗教组织的全力推动，而《道德经》影响世界，只是依靠本身文化魅力的自发吸引，二者本质上有天壤之别。所以，前人称《道德经》为"万经之王"，可谓实至名归。

一本只有五千余字的著作，历经数千年人类智慧文明历史长河的冲刷洗礼而愈加璀璨，而且不知不觉中，穿越千山万水，消融了不同民族文化之间的屏障、隔阂，产生了巨大的世界影响。毫无疑问有其独特而普世的永恒价值。

《道德经》首先是一部阐释宇宙本体、宇宙演化原理的哲学典籍，所以其价值首先体现在宇宙哲学上。

如近代著名学者胡适说："这个在《老子》书里萌芽，在以后几百年里充分生长起来的自然主义宇宙观，正是经典时代的一份最重要的哲学遗产。"当代著名学者许抗生说："老子哲学在中国哲学史上是第一个提出比较系统的宇宙生成论和宇宙本体论的哲学，以至整整影响了两千多年来中国哲学宇宙论（包括宇宙生成论和宇宙本体论）的发展过程。在先秦时期，老子哲学直接影响了稷下黄老哲学、庄子哲学和申不害、韩非的哲学，也影响了孔子、孟子、荀子的天人学说，乃至《易传》和《吕氏春秋》的哲学思想。"

《道德经》的宇宙哲学观不仅是中国数千年古典哲学的基石，还折服了许多西方哲学宗师,甚至影响了西方哲学的发展。特别是《道德经》宇宙本体论,深受西方哲学的重视。

如荷兰著名的汉学家许理和说:"《道德经》在西方人眼中,无论从任何西方的思想派别看来,都是中国最重要的哲学典籍,也最富于中国智慧,或甚至更广泛而言——东方智慧。"德国哲学家黑格尔说:"中国人承认的基本原则是理性——叫作道。道为天地之本、万物之源。中国人把认识道的各种形式看作是最高的学术","老子的著作,尤其是他的《道德经》,最受世人崇仰"。德国另一位哲学家谢林说:"老子哲学是真正思辨的,他完全地和普遍地深入到了存在的最深层。"

《道德经》言天道是为言人道服务的,《道德经》"为天地立心"的根本目的在于为"为生民立命""为万世开太平",所以《道德经》的终极目标在于济世安民、修身养性,这一点无论是高居庙堂之上的帝王将相,还是吟唱山水的文人墨客,都有惊人的一致。

如唐玄宗李隆基说,《道德经》"其要在乎理身、理国"。明太祖朱元璋说:"朕虽菲材,惟知斯经乃万物之至根,王者之上师,臣民之极宝。"宋太宗赵光义说:"伯阳五千言,读之甚有益,治身治国,并在其中。"近代著名思想家魏源说:"老子之书,上之可以明道,中之可以治身,推之可以治人。"德国前总理施罗德说:"每个德国家庭买一本中国的《道德经》,以帮助解决人们思想上的困惑。"

《道德经》的哲学影响,不光体现在社会人文学领域,中国传统中医学根本上也是道家宇宙演化哲学及其生命发生哲学的产物。

具体看,以《道德经》为代表的道家文化基于天人合一逻辑,用道气合一本体论宇宙演化哲学阐释论人的社会思想行为准则;以《黄帝内经》为经典的中医学基于天人合一的逻辑,以道气合一本体论宇宙演化哲学阐释人体生命生灭存亡机理。显然,医道在哲学灵魂上同源同根,所以孙思邈《千金翼方·序》开宗明义:"原夫神医秘术,至赜参于道枢",要从文化根本上深刻理解中医学,深入体悟道家文化精神是非常必要的。

研究阐释宇宙本体及宇宙演化过程,不仅是哲学的核心任务,同时也是科学的终极目标。显然站在这个层次，科学与哲学之间没有根本的不同，区别只是在于认知方法上。而历史已经再三证明，《道德经》的哲学思想确实为科学的进步提供了许多有益的启迪。

如耗散结构理论创始人、比利时科学家普利高津说："耗散结构理论对自然界的描述，非常接近中国道家关于自然界中的组织与和谐的传统观。"突变论的创始人、法国数学家托姆说："在老子的理论中，有很大一部分是关于突变理论的启蒙论述。我相信今天中国许多喜欢这个学说的科学天才，会了解突变理论是如何证实这些发源于中国的古老学说的。"自发秩序理论创始人哈耶克认为，道家"我无为，而民自化；我好静，而民自正"是其自发秩序理论的经典表述。

英国著名学者李约瑟曾这样评价《道德经》的科学价值："道家对自然界的推究和洞察，完全可与亚里士多德以前的希腊相媲美，而且成为中国整个科学的基础"，"说道家思想是宗教和诗人的，诚然不错；但是它至少也同样是方术的、科学的、民主的，并且在政治上是革命的"。明白了这一点，那么美籍华裔数学大师陈省身曾发现"西方有思想的科学家，大多喜欢老庄哲学，崇尚道法自然"这种现象就不难理解了。

结束语

《道德经》面世两千多年，后人研究也随之持续两千多年，相关著述之多，参与研究者之广，在世界文化史上是屈指可数的。但是，客观地看，至今人们对《道德经》仍然是雾里看花，分歧很多，困惑不少，就连最基本的作者、成书时期等也莫衷一是，众说纷纭。不过有一点，世人的观点几乎是一致的，这就是《道德经》所阐述的道德价值长存于世、永垂不朽。

普利高津曾说："道家的思想，在探究宇宙和谐的奥秘、寻找社会的公正与和平、追求心灵的自由和道德完满三个层面上，对我们这个时代都有新启蒙思想的价值。道家在两千多年前发现的问题，随着历史的发展，愈来愈清楚地展现在人类的面前。"这种认识无疑是深刻，而且符合事实的。德国哲学家尼采"《道德经》像一口永不枯竭的井泉，满载宝藏，放下汲桶，唾手可得"的观点诚非虚言。

虽然，由于种种复杂的历史文化因素，在中国两千余年信史中，并没有真正意义上的道家治国，但回顾历史，仅有几次接近道家精神的时代，无一例外，都开创了足以荣耀世界的空前盛世。

如汉初的文景之治，初唐的贞观之治、开元盛世，以及贯穿整个宋代经济文化的繁华，追究其深层次的文化背景，正是得益于上层统治阶级秉持"为无为则无不为"的理念，专注于化解负能量，践行化反从正治国原则，以及"天下皆谓我自然，帝力与我何焉"的自由民主价值。

道家文化精神不仅是超脱民族地域、阶级利益的，更是能够跨越过去、未来，直指天地人本心的不朽真理，其所秉持的问题导向主义、化反从正实践思维，以及民选、民主、民享宗旨，等等，都始终是最有能力保障人类社会文明和谐健康发展的舵手。

笔者坚信，在当今这个西方文化至上、个人欲望爆棚的时代，我们传统的道家文化精神不仅没有过时，而且比任何历史时期更能适应社会需要。中华民族未来繁荣昌盛的常春藤，需从道家汲取人文智慧精神，从而生生不息。

德国学者尤利斯·噶尔说："也许是老子的那个时代没有人真正理解老子，也许真正认识老子的时代至今还没有到来，老子已不再是一个人，不再是一个名字了。老子，他是推动未来的能动力量，他比任何现代都更加具有现代意义，他比任何生命，许多许多生命，都更具有生命的活力。"美国学者邓正莱说："中国的前程，在于通过信奉和拓展老子的天道思想而回到本国的自由传统。《道德经》就是中国的自由宪章。老子关于天道、自由与无为的思想，跟亚当·斯密的一样，既是道德的，也是实用的。说它是道德的，是因为它建立在美德基础上，说它是实用的，因为它能导向繁荣。"笔者十分认同这些学者的看法。

第一章

　　道可道，非常道。名可名，非常名。无名，天地之始；有名，万物之母。故常无，欲以观其妙；常有，欲以观其徼。此两者，同出而异名，同谓之玄。玄之又玄，众妙之门。

【释义】

道①可道②，非常道③。
名④可名⑤，非常名⑥。

①道：会意字，从"辶"，从"首"。辶，行走；首，头脑。本意指头脑意识思维控制下的身体活动过程。中国古典哲学借用演绎这一内涵，表示主宰万物发生形成及其演化变迁过程的内在机能。

②可道：道，动词，践行。可道，可以践行的道，落实在具体事物中的道，实际上就是后世所说的"殊理"，所谓"万物各异其理"，不同事物有各自特征性的"理"。

③常道：即"恒道"，永恒不变的道。宇宙之中，只有不可再分的微观本原之气所禀赋的天然之道才是永恒不变的，无特异性的。所以"常道"即微观本原之气禀赋的天然之道。

④名：名词，针对特定事物的定义称谓，是基于视觉、感觉、听觉、味觉、嗅觉，以及理性思辨等认知方式建立的排他性事物指称概念。

⑤可名：名，动词，描述。可名，可以描述，指各具特征的，可以区别定义的具象事物。

⑥常名：即"恒名"，长存不变的名称。宇宙之中，人类可直接感知区别定义的事物都不是永恒不变的。具有"恒名"的，只有万物的微观本原体气及其天然禀赋的道性。

现实世界，万物林立，千奇百态，变化莫测，而究其根本，莫不有各自特征的发生形成及其演化变迁之道，这个道就是后来韩非子及宋明理学家所说的"理"。落实在具体物质中的道或者说理，本质上都是宇宙本原之气禀赋的天然之道的多元独特整合体，而非单一的本原之气所禀赋的天然之道本身。所以现实中，在不同物质体现出来的发生形成及其演化变迁之道，都不是本原之气禀赋的天然"常道"本身。

人类认知世界中，任何事物定义名称的建立，都是基于特定可资区别的事物参照系背景的。如果不同个体事物属性绝对同一，就意味着彼此之间没有特征可以区别，基于界别目的的名称概念及其描述定义就无法建立。因此，作为宇宙本体的气无法用定义名称加以区分，气禀赋的天然之道也无法用定义名称来区别。能够用定义名称界别的事物，必然是和特定环境背景物体相互区别的，一定数量的本原之气在自身天然之道作用下的独特聚合体，而不是"常名"的本原之气及其天然禀赋的本原之道。

"道可道，非常道。名可名，非常名"，这个抽象的哲学命题，可以用战国名辩学家公孙龙"白马非马"这个通俗的逻辑实例作演示。

"马"的概念类似于"不可道"的"常道"、"不可名"的"常名",属于特定类别事物的泛称概念;而"白马"的概念类似于"可道"之道,"可名"之名,属于这一类事物中的特定群体概念。

所以"白马"不等于也不能完全代表"马",因为现实中除了"白马",还有"黑马""棕马",等等,所以"白马非马"。同理,任何具体"可道"之"道","可名"之"名",只是"常道""常名"一定时空条件下化合衍生形成的具有独特特征的"道""名",不等于也不能完全代表"常道""常名"本身。

因为现实中,"可道"之"道","可名"之"名",岂止千千万万类,有这样特征的"道"、这样特征的"名",还有其他特征的"道"、其他特征的"名"。而"常道""常名"是从"可道""可名"的万千事物中,提炼出来的普遍共性特征。

无名①,天地之始;有名②,万物之母。

①无名:"不可名"的东西,即不能直接感知描述,无法区别分辨的事物,指宇宙本原之气及其禀赋的道。

②有名:"可名"的东西,就是可以通过一定方式途径感知描述,能够区别分辨的事物,指宏观具象的事物及其内在的发生形成之道。

"无名"的宇宙本原之气及其天然禀赋的道性,是一切物象事理产生形成的形质机能根本。"一生二",宇宙本原之气在各自道的作用下相互聚合制化,形成阴阳二气,阴阳二气是天地万物衍生形成的直接基础,所以说"无名"为天地之本始。

人类直接可以感知描述的"有名"事物,本质上都是天地阴阳之气在道的作用下所形成的独特聚合体,因而禀赋着各自特征的时空形质结构及其道机原理。这种各具特征的事物形质结构及其道机原理,从根本上蕴育决定着相应事物未来的演变方向,所以"有名"如同母性一样,是孕育生化万物的根基。

故常无①，欲以观其妙②；常有③，欲以观其徼④。此两者，同出而异名，同谓之玄。玄之又玄，众妙之门。

①常无：即"恒无"，永远不可直观感知区别分辨的事物形质机能，指宇宙本原之气及其禀赋的道性。

②妙：可意会不可感触的精微物质及神奇不可思议的机能，如王弼《老子注》："妙者，微之极也。"

③常有：即"恒有"，指那些可以通过一定方式感知区别分辨的事物形质机能。

④徼：边界，这里指不同事物的时空存在属性特征。

宇宙本原之气及其禀赋的道性，是宇宙万象化生形成的物质与机能基础。日新月异、千姿百态的宇宙万物，就其发生形成及其演化变迁根源上看，都是宇宙本原之气在自身道性机能推动下聚散离合的结果。所以从宇宙本原之气及其道性层面观万物，可以体悟理解追溯其发生形成及演化变迁深层次、根本性的奥妙原理。

气的聚合方式决定相应宏观事物的空间结构特征；道的相互作用结果决定相应宏观事物时间流上的演化变迁规律。任何宏观事物皆有其独特的空间结构特征及时间流上的演化变迁规律。感触宏观事物的外在属性，不仅可以直观把握其时空存续演变过程及其相应的机能属性作用，而且也是进一步从深层次体悟道气本原聚散离合相互作用过程原理的切入点。

此两者，同出而异名，同谓之玄①。玄之又玄，众妙之门。

①玄：变化莫测之谓。

能够通过一定方式感知分辨的事物形质机能，是无法感知分辨的宇宙本原之气在道的作用下，相互聚合的结果。所以，能够通过一定方式感知区别分辨的事物形质机能，与不可感知区别分辨的气及其道性机能是"同出而异名"。

宇宙本原之气在道的作用下相互聚合，又相互离散，从而化生日新月异的宏观宇宙万物形质机能。宏观宇宙万物形质机能在一定条件下，又可以继续化生形成新的宇宙万物形质机能。所以微观本原的道气与宏观万物的形质机能都具有神奇的化物功能，区别只在于层次的高低。

宇宙体用之原道气在不断的合和离散过程中，蕴生新的事物形质机能。从宏观事物的形成原理入手，深入探索微观道气合和离散的原理及其过程，就能逐步揭示和把握宇宙万物的过去、现在，以及未来的发生形成及其演化规律。所以，不断深入追索宇宙万物演化的内在玄机，最后就可以打开宇宙奥妙的门户了。

【义理】

道的确切内涵，历来解说不一。一种观点认为，道是精神性的，是脱离物质实体而独自存在的最高原理。一种观点认为，道是客观实在的宇宙物质本体及其功能的统一体，所以是体用合一。还有观点认为，道是事物发生形成及其演化变迁的规律。前人这些认识，从不同角度描述了道的特征，不可谓错，但作为道的内涵本质解释，似乎都流于肤浅，有欠缺，不完美。

笔者认为，道不是脱离物质实体而独立存在的精神本体，也不是造化万物的原始物质本体，说其是事物发生形成及其演化变迁的规律同样不尽准确。究其本质，道当是指宇宙物质本体气天然禀赋的动能属性，以二元对立矛盾消长转化规律为其基本特征。气正是在道的二元对立矛盾消长转化过程中，不断聚散离合，演绎出精彩纷呈的大千世界。

第二章

天下皆知美之为美，斯恶已。皆知善之为善，斯不善已。有无相生，难易相成，长短相形，高下相盈，音声相和，前后相随，恒也。是以圣人处无为之事，行不言之教。万物作而弗始，生而弗有，为而弗恃，功成而不居。夫唯弗居，是以不去。

【释义】

天下皆知美之为美，斯①恶②已③。皆知善④之为善，斯不善已。

①斯：会意字，从"斤"，"其"声。斤，斧子。本义为劈砍，如《说文解字》："斯，析也"，"析，破木也"。本文引申为破除、清除。

②恶：会意字，从"心"，从"亚"。亚，丑也。指邪恶的事物。

③已：本义指停止，本文引申完成、完毕。

④善：于人有益的思想行为活动。

要使天下人都认识美好的事物，并自觉追求美好的事物，清除掉邪恶事物就可以自然实现了。要使天下人都懂得善良，并能自觉身体力行，杜绝掉那些不善良的思想行为就自然可以实现了。

有无①相生，难易相成，长短相形，高下相盈，音声②相和，前后相随，恒也。

①有无：有，可以感知其存在，指宏观可识的事物；无，无法感知其存在的事物，指微观无象的事物。
②音声：《礼记·乐记》："凡音之起，由人心生也。人心之动，物使之然也。感于物而动，故形于声。声相应，故生变，变成方，谓之音。"

宏观可感知的事物化生于微观不可感知的事物，微观不可感知的事物可化解于宏观可感知的事物；复杂难能的事物蕴生于简单易处的事物，简单易处的事物可解析于复杂难处的事物；长的事物由短的事物接续而成，短的事物可由长的事物肢解而来；高上的事物由低下的事物长成，低下的事物可由高上的事物分解而来；标识事物的音基于事物发出的声而成，而事物发出的声也可以通过音来分别；前是基于后的界定确立，而后也是基于前的界定确立。诸如此类，世间一切事物都在二元对立矛盾属性的制约统一关系中存在，在二元对立矛盾属性的消长转化过程中演化，这是宇宙万象普遍永恒的存在法则。

所以，化解或培植事物二元对立矛盾属性中的一方，可以让与之对立矛盾的另一方增强或消衰。人类文明的推进与演化也遵从这一自然规律，只要化解生活环境中一切丑陋有害的事物，杜绝社会生活中一切邪恶伤人的思想行为，那么天下人无须刻意教化、管制引导，就能够自然知美从美、知善从善，形成良好的社会人文环境。

是以圣人处无为之事①，行不言之教②。

①处无为之事：处：会意字，本意指安享美食，本文引申为处理，解决问题。无：同"勿""不"，否定词。"无为之事"，即"勿为之事""不为之事"，就是世人主观上不欲发生的事物或事物属性。"处无为之事"，就是直面世人不欲发生的事物或事物属性，尽全力化解

破除。其目的在于让世人所期盼的事物或事物属性,能够自然顺利形成,并不断发展壮大。

②行不言之教:行,《说文解字》:"行,道也",本文引申为行走在特定道路上。不,同前文"无""勿"意,否定词。"不言之教",即"无言之教""勿言之教",不被世人倡导的教化,即培养邪恶思想行为的教化。"行不言之教",就是直面世人厌弃忌讳的邪恶思想行为,想方设法化解破除。其目的在于,让世人倡导令人期待的善良美好的言行教令能够自然顺利地得以贯彻执行。

任何事物都在二元对立矛盾属性的制约统一及其彼此之间的对立消长过程中存在发展。所以,凡事要求得一方属性的平稳发展,就不能急功近利、一叶障目,仅仅固执于欲望事物或事物属性的拉扯提升,而应该沉下心来,化解破除与之对立依存的另一方事物或事物属性。一旦这种反面事物或反面事物属性减弱,甚至消失了,则人们所期待的正面事物或事物属性就自然顺利成长起来。

道家圣人深谙此理,并身体力行,所以在其处事过程中,总是秉持化反从正的实践原则,通过直接化解破除反面事物,或事物的反面属性,来间接促进世人欲望目标的自然实现,其实质就是化解负能量,是问题导向主义的处事方式。

万物作①而弗始,生②而弗有③。为而弗恃④,功成而不居。夫唯弗居,是以不去⑤。

①作:会意字,从"人",从"乍"。本义指人起身,如《说文解字》:"作,起也。"本文意为发生、兴起。

②生:会意字,甲骨文字形中,上面是初生的草木,下面是地面,本义指

草木从土里生长出来，如《说文解字》："生，进也，象草木生出土上。"本文指成长。

③有：存在，本文指显示出来。

④恃：形声字，从"心"，"寺"声。本义指依赖、依靠，如《说文解字》："恃，赖也。"

⑤去：离开。本文引申为失去、失败。

化反从正的结果，就是世人所期望的事物或事物属性，虽然没有被直接蕴育培养，却能够自然顺利地发生形成。体现在外，就是万物自然发生兴起，看不到圣人的直接创始培养作用；万物不断成长，却体现不出圣人的直接扶持引领作用；万物没有因为圣人的施为作用而改变自身的演化方向；直至最终瓜熟蒂落，也显示不出圣人的直接功劳。

由于在人们期待的事物或事物属性成长过程中，始终没有任何圣人主观人为作用的左右影响，而与之制约对立的事物或事物属性却又被圣人及时化解破除，所以，这种预期中的事物或事物属性，就能够一直健康平稳地存在发展下去，而不会半途而废。

【义理】

本章释读和前贤有两点明显不同之处。

一是对"斯"的理解，前贤多作代词解，释为"这"；也有作副词解者，释为"于是，就"。笔者认为，此处"斯"，当作本意解，释为"劈砍"，本章引申为破除、清除。

二是对"处无为之事，行不言之教"的理解。"处无为之事"，前贤多或释为圣人以不妄为的态度处理世事，或释为圣人顺应自然，任凭老百姓的意愿去干事；"行不言之教"，前贤多释为圣人不以政教号令治国，而是以身作则，实行潜移默化的引导。笔者认为，"处无为之事"中,"无",同"勿","无为之事",即"勿为之事",就是世人不欲发生的事物,或事物属性,"处无为之事"就是圣人直面世人不欲发生的事物或事物属性,尽全力化解,以方便世人所期盼的事物或事物属性,能够自然顺利形成,并不断发展壮大。"不言之教",意即不被世人倡导的律令教化,本质是助长邪恶的律令教化。"行不言之教",就是想方设法化解世人厌弃忌讳的邪恶思想行为方式,让世人期待的具有生生之德的律令教化能够自然顺利地贯彻执行。

第三章

不尚贤，使民不争；不贵难得之货，使民不为盗；不见可欲，使民心不乱。是以圣人之治，虚其心，实其腹。弱其志，强其骨。常使民无知无欲。使夫智者不敢为也。为无为，则无不治。

【释义】

不尚贤①，使民不争；不贵难得之货，使民不为盗。不见可欲，使民心不乱。

①贤：形声兼会意字，从"贝"，从"臤（qiān）"。臤，本义为驾驭臣属，引申为牢牢掌握；贝，海贝，古时作钱币用，代指财富。所以，"臤"与"贝"联合起来表示牢牢掌握财富。

上行而下效，统治者淡然面对金钱财富，才能让世俗大众不为金钱财富纷争；统治者无视珍奇异宝，方可使世俗大众不觊觎不偷窃珍奇异宝。一言以蔽之，统治者少私寡欲，淡泊宁静，理性面对感官诱惑，是有效地引领世风，使世俗大众面对物质金钱利益，仍然保持心平气和，不产生贪占欲望，没有邪恶侵凌行为的前提基础。

是以圣人之治，虚其心，实其腹。弱其志①，强其骨。常使民无知②无欲。使夫智者不敢为也。为无为，则无不治。

①志：心之所往，愿之所注，即个人主观私欲。

②知：通"折"，受外界力量的摧残，使之折损受伤之意。如《大戴礼记·劝学》："锲（锲）而舍之，朽木不知"，《论语·泰伯》："民可使，由之；不可使，知之。"

所以圣人治国安民，首先会消弭自身对物质财富的贪念，以维护性命健康所需为度。圣人这样做的意义在于，一方面，最大限度地消解了其治国理政过程中的私心意志，进而使社会文明能够按照其自然演变之道健康发展；另一方面，又能恰到好处地强健自身筋骨，保护身心健康，进而使其能够寿尽天年，可谓公私互济，相得益彰。

而站在老百姓的角度，圣人这样的治国方式，既不会伤害其身心健康，也不会束缚扭曲其思想行为，每个人都能按照自己的意愿生活，而且还能使世人在物质财富面前始终保持理性的取舍心态。在这样的社会文化氛围中，即便少数贪婪之人有意图通过投机取巧的方式来攫取不当利益的想法，实际上也不敢付诸行动。

所以圣明的统治者，始终把治国的精力放在消除化解自身对物质财富的过度贪欲等制约社会健康发展的反面事物，或者事物反面属性上。这样做的结果，就是老百姓既自由任性地生活，又自觉守护社会道德底线，不欺不诈，不贪不占，安居乐业，社会大治，天下太平。

【义理】

本章内容，和传统注家有两处不同理解。

一是对"贤"的理解，前贤多做智慧、贤达解，本书遵蒋锡昌《老子校诂》观点，认为"贤"当作本意解，意为钱财。

二是对"无知"的理解，"知"，前贤多解释为"智慧"，或"知识",由此得出《道德经》政治哲学的精神核心就是"愚民"原则。笔者认为,"知"当作"折"解,意为折损、损伤,"无知"即不伤害老百姓的身心健康,不压抑、不扭曲、不剥夺老百姓的独立思想行为,本质是强调"民主"与"自由"的至高无上性。

第四章

道冲而用之，或不盈。渊兮，似万物之宗；湛兮，似或存。吾不知谁之子，象帝之先。

【释义】

道冲①而用之，或②不盈③。

①冲（衝）：会意字，从"行"，"重"声，表示相向力量之间的相互冲击状态，这里描述道的属性特征，即道的本质是对立矛盾力量的制约统一体。

②或：当读"域（yù）"，从本义。指士兵边境巡逻，后指邦国边界，本文引申为事物直观的外在边际。下同。

③盈：本意指充满，这里引申为显示出来。

道是对立矛盾力量的统一体，这两种力量在相互制约、相互转化的"冲和"过程中推动气运动不已，使气不断聚散离合，从而形成丰富多彩、千变万化的宏观物质世界。道的本质是物质禀赋的机能属性，而非实在的物质，所以不能显示直观的实在性界限边际。

渊①兮，似万物之宗②；湛兮，似或存。

①渊：会意字，外边大框像水潭，里面是打漩的水，本义指打着漩涡的水流，如《说文解字》说："渊，回水也。"
②宗：会意字，从"宀"，从"示"，示，神祇；宀，房屋。在室内对祖先进行祭祀，本义为祖庙，引申为左右事物发生形成及其演化变迁的机制原理，本文即取此意。

"道冲而用之"，道以神似相互冲撞的潭水形成的漩涡力量形式，不断推动气聚散离合造化万物。"或不盈"，非实在性的道，给人的感觉，似清澈透明无色的水，似乎真实地显示着其存在，但实际上又无法直观描述其界限特征。

吾不知谁之子，象帝①之先。

①象帝：帝，象形字，像花蒂外形，花蒂为孕育籽实而存，籽实立生命之基，所以"帝"本义指孕育生命之基，后引申为掌握根本、拥有最高权力的一国之主。这里仍然取其本义。象，可直接感知的有形之体征象。象帝，即造化万物的母体根基。

气不生不灭，亘古恒存。道是宇宙物质本体气禀赋的天然属性，所以也是不生不灭，亘古恒存。气在道的作用下不断运动，聚散离合，而道的这种作用，正是宇宙各种形质万象化生形成的先天机制根源。

亘古恒存的道气之体，又是哪里来的？面对这样的哲学终极之问，《道德经》作者也陷入了无尽的茫然：亘古恒存的道，我不知道是谁诞生它的，但有一点可以确信，就是在万物初生之前，就已经存在。

【义理】

"湛兮，似或存"句上，世本都有"锉其锐，解其纷，和其光，同其尘"一段，同时该段尚见于五十六章，本章依多数注家观点删去。

本章和传统注家的核心分歧在于"道冲而用之，或不盈"句的理解。

前贤多断句为"道冲，而用之或不盈"，"冲"多训为"盅（zhōng）"，解作"虚"；"或"作语助词解；"盈"作"满"解，引申为尽。这样解释，这句话的意思就是：道空虚无形，但它的作用无穷无尽。

笔者认为，这句话当断为"道冲而用之，或不盈"，"冲"字仍从本意解，意指相向力量的对击，本文意在描述道的机能特征，即道本身是对立矛盾、相互制约力量的有机统一体。"或"当作"域"，从"国界"这个本意解，意在说明道的外在特征。即道是对立矛盾力量的制约统一体，气在道的对立统一力量作用下运动不已，聚散离合，形成丰富多彩、千变万化的宏观物质世界。道属于机能范畴，自然无象无形，没有直观的实在性边际界限。

第五章

天地不仁，以万物为刍狗；圣人不仁，以百姓为刍狗。天地之间，其犹橐龠乎？虚而不屈，动而愈出。多言数穷，不如守中。

【释义】

天地不仁，以万物为刍狗①；圣人不仁，以百姓为刍狗。

①刍狗：用草扎成的狗，古代祭祀时，用以替代真狗作献祭，祭祀完毕被遗弃。

天地无论生养万物还是毁灭万物，都由其自然本能决定，其中没有任何爱憎好恶的主观感情因素。同样，秉持天道精神治理国家的圣人，对待百姓只是按照人类社会文明进步发展的大道规律而行，而不是因为主观喜欢关心那些人，才去刻意做什么。

天地之间，其犹橐龠①乎？虚而不屈②，动而愈③出。多言数穷，不如守中④。

①橐龠（tuó yuè）：古代用于吹炉生火的风箱，由中空袋囊和送风管两大构件组成，抽推送风管可以纳气排气。
②屈：音"jué"，竭尽、穷尽之意。
③愈：更加之意。
④中：核心，这里为根本之意。

天地明着看，什么都不做，什么都不说，始终"无欲""无为""不言"，万物的生灭与其似乎毫无关系，但实际上却时刻不停地按照道的运化原理聚散离合天地之气，不断创造生生之机，导致宏观物质世界日新月异，气象万千。这就像风箱看似空洞死寂，但其自身已经禀赋生风之道，所以一旦抽推风管，则风气自然涌动而出。

治国安民也是此种道理，统治者不应该刻意抱着"立功""立言""立德"这种"有欲""有为""多言"的功利目的，轰轰烈烈，以繁杂教令去强迫劳动人民，按照一己之私欲创造物质精神文明财富。

因为功利主义思想的言行教令，本质上罔顾事物根本的生生之道原理，片面追求事物外在形式得失，虽然可能得逞一时，但长久看，必然会因为事物相应反面制约因素力量的不断积累增强，最终迫使事物发展走向预期的反面，本质上是舍本逐末、涸泽而渔的追求理想的方式。

所以正确的治国安民方式，就是统治者抛弃自己的一切私欲执念，即所谓"虚其心"，然后受纳民心，即一切以"百姓心为心"，始终持守人类文明进步发展的生生之道，不断化解制约人类文明进步发展的负面因素，为老百姓按照自己的意愿去主动创造物质精神文明财富培植良好的自然社会环境。

【义理】

本章关键在于对"中"的理解，前贤多作"中虚"，或"道"解。作"中虚"解，意甚不明；作"道"解则过于笼统。笔者认为，此"中"当作"根本"解，这个"根本"就是指道的对立矛盾依存互化关系。

任何事物的发展皆有其正面的促进因素，也同时具有负面的抑制因素，二者相互依存、相互制约。其中一方因素的衰弱消减，一定伴随另一方因素的强大增多，所谓此消则彼长，此长则彼消，这是道对立矛盾依存转化性的必然宏观外在体现。

道家正是基于这种认识，在做事方式上，始终强调化解负能量，坚持化反从正实践原则，反对带有强烈主观目的性的功利主义言行教化。认为统治者的天职，就是专注制约社会文明进步发展负面因素的化解，尽可能解放其对事物正面促进因素的制约，从而使得事物能够最大限度地自然良性发展。

第六章

谷神不死，是谓玄牝。玄牝之门，是谓天地根。绵绵若存，用之不勤。

【释义】

谷^①神^②不死，是谓玄^③牝^④。

①谷：谷，五谷籽粒，粮食作物的总称，为形质之象，这里借喻宇宙本原之气。

②神：会意字，从"示"，从"申"，"申"，天空中闪电形。古人以为闪电变化莫测，威力无穷，故称之为"神"。道的作用在于推动气造化万物，所以这里用"神"喻道造化万物的奇妙。

③玄：深黑色，引申为深远、神秘、微妙难测之意。

④牝：雌性动物。

一花一世界，芥子纳须弥。如同佛家一样，道家也认为，即便微末如恒河一沙，观其前世今生，仍然可以映现宇宙造化的基本奥秘。

春种一粒粟，秋收万颗子。在农耕风尚的中华先民生活的世界，五谷是赖以生存的主要食物来源，而在哲人的心目中，一粒微不足道的种子所演绎出的生命演变特征，不正是诠释道气造化万物玄妙之象的经典映像吗？所以，久而久之，"谷神"成为哲人心目中言喻道气造物之象的代名词。

雌性动物以能繁衍后代，道专以推动气造化万物为务，《道德经》正是基于二者之间的这种类象关系，认为道在功能上神似具有玄妙生殖能力的母性。

玄牝之门，是谓天地根。
绵绵①若存，用之不勤②。

①绵绵：细微难感之意。
②勤：耗尽的意思。

道是正反对立矛盾力量的统一体。道正反对立矛盾力量的相互转化过程犹如屋门之启闭开合，进退之间，推动气聚散离合，形成天地万象。道的这种对立矛盾力量只会彼此消长转化，而不会耗散消亡，所以用之不能竭，看之不可见，得神不得体。

【义理】

本章的关键在于如何理解"谷神"。"谷"，前贤从"山谷"解，引申为"虚空"，"谷神"，即"虚空的变化"，但从逻辑看，既然是无物的"虚空"，就不存在可变化的基础。笔者认为，"谷"，当从"五谷"籽实解，"五谷"籽实是植物生命的原始根本，五谷生发植物生命万象的功能特征，正是道气造化万物玄妙之象的经典映像。

气永恒不灭，所以气天然禀赋的道性同样恒久长存。不过，无论是气还是道，都是逻辑化的抽象概念，现实生活中不可直觉，这给普通人的理解带来了巨大障碍。为此，《道德经》试图寻求一种生活化的比喻，来通俗描述道的造化机能及其意义，"谷神"之说正是基于这种文化逻辑需要而出现的。

第七章

天长地久。天地所以能长且久者，以其不自生，故能长生。是以圣人后其身而身先，外其身而身存。非以其无私邪？故能成其私。

【释义】

> 天长地久。天地所以能长且久者，以其不自生，故能长生。

天地为什么能够让人感觉到长久存在？因为天地在生养万物过程中体现了自身的存在及其价值。如果天地只是自生自存，不能生化万物，谁又能体知到存在？又有谁去长久感念膜拜他们，成就其永恒无上的尊荣地位？

是以圣人后其身而身先，外其身而身存。非以其无私邪？故能成其私。

天人一理，圣人不争不抢，总是躬身他人利益之后，呕心沥血为他人排忧解难，结果得到世人普遍敬重与拥戴，得委以家国天下之大任，成就人生理想与抱负。将自己的才华毫无保留地奉献给社会，结果得到世人普遍的爱戴，不仅维护了自身的身心健康，还使其思想精神及事业得以长存流传。不自私自利，不只为自生自存，在奉献社会、服务他人的过程中，实现人生价值与理想，这是道家人生哲学的践行原则。

【义理】

健康之愿，喜乐之心，功利之欲，人皆有之。但如何实现这些发自人性本能的愿望，儒家和道家别有天地。

"天行健，君子以自强不息"，在儒家看来，成功的人生就是发挥正能量，不懈努力，直指目标，即所谓"立德""立言""立功"。儒家这种人生价值的哲学本质是极致的功利主义，而极致功利主义的思想行为，因为鲜少关注事物发展的羁绊因素，很容易导致不择手段、唯利是图、损人利己，进而对社会产生深远的负面影响。为遏制这种极端功利主义人生价值观衍生的负面效应，儒家确立了以"仁、义、礼、智、信"为核心的人伦纲常规范，由此形成了一套颇有悖论的儒家人生价值践行哲学。

和儒家功利主义不同，道家基于推动事物演化之道正反对立依存转化原理，认为凡事都有天然相互依存的对立矛盾属性，此消则彼长，此长则彼消。因此，要实现济世安民的理想抱负，与其像儒家一样拼命发挥、创造正能量，还不如沉下心来，将心思放在与之相反的负能量的化解排除上，然后静待正能量的自我张扬。要做到这一点，首先需要走出功利主义心态，化解自私自利的贪婪之欲。

第八章

上善若水。水善利万物而不争，处众人之所恶，故几于道。居善地，心善渊，与善仁，言善信，政善治，事善能，动善时。夫唯不争，故无尤。

【释义】

上善①若水。水善②利万物而不争，处众人之所恶，故几③于道。

①上善：善，本意指事物完美，于人类而言，合乎道德的事物是最完美的，这里借指人的思想行为状态接近了道德。上善，指思想行为最完美、最合乎道德的人。
②善：擅长。
③几：接近。

在气象万千的生命世界，无论令人眼花缭乱的绚烂色彩，还是仪态万千的绰约身姿，抑或各具神奇的灵智神通，从来都没有直接体现出水的身影。但世人皆知，如果没有水的哺育滋养，自然界就不会有万物的存在，这不正经典地体现了无形大道与有形万物之间的关系逻辑吗？所以，水性最能够传神地体现大道造化万物的特征。

不同山岳比雄伟，不与日月较光辉，不和磐石比刚强，始终秉持柔弱之性，永远持守谦下姿态，流行于川谷山涧，渗注于洼池土壤，在世俗厌恶不欲、漠视不闻之处，默默育养生命，最终成就万灵辉煌，不仅实现了自身的存在价值，还保持了自身存在的永恒。水的这种品性正是道家圣人理想中，柔弱却能胜刚强，谦下却为万灵之宗，不自私反而成其私，外其身而保身存，利他人终益己身等最接近道德境界的圣人形象。

> 居善地，心善渊，与善仁，言善信，政善治，事善能，动善时。夫唯不争，故无尤。

水的品性最接近道德境界，所以得道之人就应该像水一样乐受家国天下之垢，甘于无私奉献，搭建推动社会进步的扶梯。具体到生活中，就是：

居所选择上，无论是自然环境居所，还是社会身份居所，要像水择洼地一样谦虚低调，以适合自己生存工作为原则。

思考问题要像深渊之水一样，沉下心来，究及事情发生形成的根本。

与人交往，要像水育万物一样，始终秉持善良奉献精神。

说出去的话，要像水流川谷一样，落于实处，掷地有声，解决问题。

治理国家，要像水行洼谷地下，深入社会底层，体察民情，解决百姓痛苦。

如果在社会上司职一责，就要像一方之水养育一方生命，最大限度地发挥自己的潜能，造福一方人民。

总之，世人要想解决问题，成就一番事业，不仅要像水一样选择合适的空间环境，还要像水一样，选择合适的时间，当静时如处子，当动时若矫兔，果断而坚决。

夫唯不争，故无尤①。

① 尤：过失，罪过，如《诗·小雅·四月》："废为残贼，莫知其尤"，这里引申为受到伤害、挫折。

懂得道的对立矛盾依存互化原理，从不去和世人争名利，而是深入洞察制约事物发展的负面因素，倾心力于世人所不欲、所厌恶的事物或者事物属性，千方百计寻求化解之道，尽心尽力排除一切风险因素，则事物或者事物属性，自会顺利地向理想的方向发展，因而从来不会有祸患的担忧。

【义理】

在道家看来，不自私是成其私的前提，利他人是利己身的必然途径，这是由道的对立矛盾依存转化属性所决定的。那么，什么样的利他品质算最接近道德境界呢？《道德经》以水性为喻展开人性的论述。

水的道德之象，儒家也十分认可，如《荀子·宥坐》记载："孔子观于东流之水。子贡问于孔子曰：君子之所以见大水必观焉者，是何？孔子曰：夫水，偏与诸生而无为也，似德。其流也埤下，裾拘必循其理，似义。其洸洸乎不屈尽，似道。若有决行之，其应佚若声响，其赴百仞之谷不惧，似勇。主量必平，似法，盈不求概，似正。淖约微达，似察。以出以入，以就鲜洁，似善化。其万折也必东，似志。是故君子见大水必观焉。"孔子以水描述了理想道德的人格形象，其中的观点与道家有诸多神似之处。

第九章

持而盈之,不如其已,揣而锐之,不可长保。金玉满堂,莫之能守,富贵而骄,自遗其咎。功遂身退,天之道也。

【释义】

持①而盈②之,不如其③已④,揣而锐之,不可长保。

①持:手执,这里为承担、占有的意思。
②盈:满。
③其:语气助词。
④已:停止。

承担或拥有某种东西,感觉已经满负荷,那么就要果断放弃继续摄取的念想。量力而行非常关键,超过了自己的承受能力,不仅无法获得更多,往往还会压垮己身,甚至连已经得到的都再次丢失掉。这就像打磨利器一样,必须考虑材质本身,一旦超越了其耐受极限,不是折断就是卷曲,所谓过犹不及,极则必反。

金玉满堂,莫之能守,富贵而骄,自遗其咎。

如果一个人开始处处显摆财富名利,意味着其败家之路悄然开启。因为陶醉于已有的财富名利温床,没有忧患之心,每天在穷奢极欲的生活中度过，说明财富名利的蓄积已经超越了其理想欲望的最高界限。没有继续积累创造财富名利的动力，仅剩与之相反的消耗破坏动能，则失财败名，甚至祸患及身就成为未来发展的必然。

功遂身退，天之道也。

道者，万物变化之本能。按道的正反依存互化原理，任何事物都会经历生灭盛衰的过程，当事物发展到盛极程度，接下来必然开始逐渐衰亡，这是不以任何意志为转移的，那些期待让某种事物永远强盛的想法注定是不会实现的。

所以天地生成万物后，从来都不会试图永远让其存在，更不会试图一直占有，也不会主观干预其生存发展，而是任其自然生灭存亡，唯其如此，才是符合大道原理的行为。

天道如此，人道亦如此。一个懂道的人，当其功成名就，达到事业巅峰状态，完成相应历史使命后，不会躺在这份名利功劳簿里陶醉自满，更不会试图强行保持这种事业名利状态，而是审时度势，要么在现有事业基础上开拓新的事业征程，要么彻底解脱出来，从零开始新的事业，以避免陷入盛极而衰的自然宿命之路不能自拔。

【义理】

按照道的正反依存互化原理，任何事物都有其独具个性特征的时空生灭兴衰规律。事物一旦发展到盛极程度，就意味着其正面的生生因素及力量已经枯竭，而与此同时，与之对立矛盾的反面制约因素及其力量的蓄积达到巅峰状态，此后事物必然走向衰亡之路。

人们追求各自事业理想过程中，洞悉其内在生灭存亡道机原理，了解其兴衰成败规律特征，不仅是实现事业理想的前提基础，也是正确面对功名利禄，把握进退取舍时机的前提基础。它不仅决定着事业的最终结果，也决定着一个人的最终命运归宿。

第十章

载营魄抱一,能无离乎?抟气致柔,能如婴儿乎?涤除玄鉴,能无疵乎?爱国治民,能无为乎?天门开阖,能为雌乎?明白四达,能无知乎?

【释义】

载①营②魄③抱一④,能无离⑤乎?

①载:有两种解释可通:一作语助词解,无实际意义;也可作"年""岁"解,表示一年四时,引申为始终。观《道德经》全书,未见其他句首助词,所以解作后者似乎更合适。

②营:本意指四周垒土而居,如《说文解字》:"营,帀居也",段玉裁注:"帀居,谓围绕而居。"这里当指蕴涵人体精神魂魄的形体躯壳,亦即人的身体。

③魄:依附于人的身体而存在的生命之神。

④一:本意指数之始基,这里指天地未开、万物未分之际的混沌宇宙体,为宇宙无尽演化过程中的相对起点,是

天地万物之根源。亦即《道德经》"道生一,一生二,二生三,三生万物"的"一",以及《周易·系辞》"易有太极,太极生两仪,两仪生四象"之"太极"。

⑤离:违背。

一个人不被形形色色、日新月异的万物外象变化所迷惑,而是始终持守其发生形成及演化变迁的内在道气根机原理来建立认知,处理世事,这样的身心思想行为称得上没有背离事物发展演化规律,完全契合道气化物的自然境界了吧!

抟①气②致柔③,能如婴儿乎?

①抟:聚拢,凝聚。
②气:精气神的统称。
③柔:弱,引申为不足、缺点。

一个人平时如果能够把精气神都集中在对事物缺陷不足的认知中,不断寻求化解之道,这样就能够使事物的发展,如同婴儿一样永葆勃勃生机了吧!

涤①除玄鉴②,能无疵乎?

①涤,清洗。
②玄鉴:玄,奥妙,深邃;鉴,镜子。玄鉴,能够反照显示事物奥妙的镜子,人的心灵智慧能够理性认知体悟事物深层次的发生原理,所以以"玄鉴"比喻人的心灵智慧。

一个人，如果能够自我清洁被事物外在表象迷惑蒙蔽的心灵智慧，排除事物外在征象的干扰，使其思想深入事物发生形成道机原理，这样在事物发生形成及其演化变迁规律认识上就没有瑕疵了吧？

爱国①治民，能无为乎？

①爱国：热爱国家，以国家的繁荣昌盛为期许。

一国之主，基于深切热爱这个国家，期许长治久安这种"不自私""利万物"的仁爱奉献精神，来制定大政方针，破解制约社会文明进步发展的问题，最大限度地保障民众按照合道合德的思想行为自由创造生活。这样就可以称得上"为无为而无不为"这种化反而得正的圣人治国境界了吧。

天门开①阖，能为雌②乎？

①天门：天，《说文解字》说："至高无上，从一大。"道是生化天地万物的动力根本，对于万物而言，道是至高无上的，所以这里以"天"喻"道"；道对立矛盾力量的相互转化过程犹如屋门之启闭开合，进退之间，推动元气聚散离合，形成天地万象，所以谓之"天门"。

②雌：生生之母。

如果一个人始终持守万事万物各自发生形成及其演化变迁之道的开合启闭原理，秉持道德实践原则，那么他就可以像母性育养子女一样，不断化解各自毁灭之机，培育生生之机，推动人类物质、精神文明的进步发展，并将之丰富完善了吧！

明白四达，能无知乎？

如果从事物造化的根本原理上明了，那么自然可以一步步依照逻辑解释演绎事物的时空演化变迁过程，及其所体现出来的各种外在特征，而不是盲人摸象，偏执一隅，胡乱揣测。达到这种认识程度的人，还能说他不懂得事物吗？

【义理】

传统版本在"明白四达，能无知乎"句后尚有"生之畜之，生而不有，为而不恃，长而不宰，是谓玄德"一段，因与前文无逻辑关联，且重见于五十一章，按马叙伦《老子校诂》、陈鼓应《老子今注今译》等观点删除。

不自私方能成其私，利万物终会利己身，知进退才显圣人境，这是道家的理想人生境界。要想达到这种人生境界，人们日常生活中应该从这些细节入手修炼自身的思想品行：

一是集中精力认知事物的缺陷不足，不断寻求化解之道；二是清洁被事物外在表象迷惑蒙蔽的心灵，使其思想认识深入事物发生形成道机原理；三是以无私奉献精神，按照民主原则治国安民；四是心身活动，始终遵循的道的对立矛盾依存转化原理，坚持化反从正的实践路径；五是从事物造化的根本原理上，解释演绎事物的时空演化变迁过程及其所体现出来的各种外在特征。

第十一章

三十辐共一毂，当其无，有车之用。埏埴以为器，当其无，有器之用。凿户牖以为室，当其无，有室之用。故有之以为利，无之以为用。

【释义】

三十辐①共一毂②，当③其无，有车之用。

①辐：车轮中连接轴心和轮圈的木条。
②毂：音"gǔ"，是车轮中心的木制圆圈，中有圆孔，用来插轴。
③当：在，占据。

因为有虚无的空间，才能制成30根辐条集中在轴筒的车。而车的轴筒因为有中心的虚无空间，才能让插套在其中的车轴转动起来，发挥运载东西的功能。

埏埴①以为器，当其无，有器之用。

①埏埴：音"shān zhí"。埏，和；埴，土。用陶土做成供人饮食使用的器皿。

因为有虚无的空间，所以才能糅合黏土制成器皿。而器皿又是因为有中空虚无的空间，才能盛物。

凿户牖①以为室，当其无，有室之用。

①户牖：牖，音"yǒu"。门窗。

因为有了虚无的空间，才能建造成房屋。而房屋又是因为有了内在的中空环境以及门窗空间，所以才能发挥住宿生活的作用。

故有①之以为利，无②之以为用。

①有：实在，指具象的器物。
②无：虚无，指没有物质存在的虚空。

所以实在、具象的器物不仅有自身的作用和价值，也为其他具象器物的存在及功能提供了便利与益处；而虚无的空间是创造具象器物的前提，具象器物所形成的特定空间又是保障其功能价值的前提基础。

【义理】

万物在各自道的正反对立消长转化机能作用下演化变迁，所以宏观上事物都是对立矛盾属性的统一体。不过由于万物各自道的正反对立矛盾力量的盛衰强弱不同，体现在外的，只能是其中一方属性的存在，称为"有"。与此同时，还有与"有"相对立的另一方属性存在，只不过暂时处于弱势，被抑遏压制，没有明显体现出来，所以称为"无"。

由于道的正反对立矛盾力量的消长转化性，事物"有""无"属性始终处在对立消长转化关系过程中，此消则彼长，彼消则此长。消解其中一方属性，就等于解放与之对立依存的另一方属性，进而使其自然壮大。所以道家认为，忽视事物发展演变的负面因素及其能量，一味地强调正面因素及其能量，那么总有一天，会因为事物负面因素及其能量的不断增强，以及正面因素及其能量的不断消减虚弱而发生反转，使事物此后走向反面发展道路，进而产生灾难性的后果。而如果人们把精力聚焦在阻碍事物发展的负面因素及其能量的消解中，那么事物完全可以依靠自身的正面因素及其能量的推动，自然、顺利、稳健地发展下去，由此道家形成了"为无为则无不为"的处世原则。

道家不仅极端重视基于时间流基础的事物自身属性"无""有"之间的对立制约转化关系，同时，也非常重视基于空间基础的万物与空间之间形成的"有""无"对立矛盾关系及其功能。认为实在的器物之"有"与虚"无"的空间是相互依存的、相互体现的。虚"无"的空间，不仅是实"有"之器物发生形成及其存在的前提基础，也是器物本身发挥自身功能作用的前提和基础。强调没有虚"无"空间，就不会有实"有"之器物。而实"有"之器物要展现其功能属性，也必须要有特定的虚"空"之心。有此逻辑，道家进一步阐述并强调了守"无"化"反"实践观的重要性及根本性。

第十二章

　　五色令人目盲。五音令人耳聋。五味令人口爽。驰骋畋猎，令人心发狂。难得之货，令人行妨。是以圣人为腹不为目，故去彼取此。

【释义】

五色①令人目盲②。

①五色：指青、黄、赤、白、黑。
②目盲：即失明，形容失去对形色的认知辨别能力。

整天置身于流光溢彩之中，会令人视觉失明。

五音①令人耳聋②。

①五音：指宫、商、角、徵、羽。
②耳聋：即失聪，形容失去对声音的分辨能力。

整天置身于嘈杂刺耳的声音之中，会让人听力失聪。

五味①令人口爽②。

①五味：指酸、苦、甘、辛、咸。
②口爽：爽，差错、失误，如《诗·卫风·氓》："女也不爽。"口爽，味觉失灵。

日日山珍海味，会使人食不知味。

驰骋①畋猎②，　　　①驰骋：纵横奔走。
令人心发狂。　　　②畋猎：畋，音"tián"，打猎。

纵情放荡，恣意妄为，会迷乱心性，失去理智。

难得之货，令人行妨①。　①行妨：妨，妨害、伤害。行妨，
　　　　　　　　　　　　伤害操行。

痴迷于稀奇珍贵的东西，会败坏人的品性，使人行为不当而伤害他人。

是以圣人为腹①不为目②，　①腹、此：皆指事物内在原理。
故去彼②取此①。　　　　②目、彼：皆指事物外在表象。

世间事物千变万化，但究其根本，不离道气。沉迷于变幻莫测的事物表象，不仅不能建立对事物的正确认知，而且还很容易使人身心陷入无尽迷茫难以自拔，进而造成自身伤害，甚至伤害他人。

因此，正确的求知、求生途径，不是独重事物外在表象，更应该不断深入事物内部，察其所由，观其所以，明其必然。所谓"涤除玄鉴""营魄抱一""抟气致柔"，然后自然"明白四达"，如此求知得知，求生得生，悠然而自得。

【义理】

《孟子·尽心上·忘势》说："穷则独善其身，达则兼善天下。"人生欲望无非两种：一是身心健康，生活幸福，能寿尽天年；二是志在天下，服务社会，为人类文明进步作出贡献。如何实现这些目标，有人责之于外求，有人责之于内求。外求者，唯功名利禄是瞻；内求者，

以化解自身以及社会负能量为原则。

习惯于认知上追根究底、实践上化反从正的道家，显然属于后者。因为在道家看来，如果只是钟情于万物表象，心身沉沦于芜杂的感官信息中，不仅不能建立对相应事物的正确认知，而且对人的身心健康，乃至他人利益也会造成伤害，本章举了几个极端的例子来阐释这种观点。

第十三章

宠辱若惊，贵大患若身。何谓宠辱若惊？宠为下，得之若惊，失之若惊，是谓宠辱若惊。何谓贵大患若身？吾所以有大患者，为吾有身，及吾无身，吾有何患？故贵以身为天下，若可寄天下；爱以身为天下，若可托天下。

【释义】

宠辱若惊，贵大患若身。

得宠和受辱都会内心不安，是因为把名利的得失看得跟自己的性命一样贵重。

何谓宠辱若惊？宠为下，得之若惊，失之若惊，是谓宠辱若惊。

为什么得宠和受辱都会内心不安？因为荣宠是外界赐予的，不确定何时得到，何时又会失去。对于一个把名利看得比性命还重要的人来说，这就像悬在心头上的串珠，线永远操纵在别人手里，得失永远都是不确定的，因为患得患失，所以内心充满不安。

何谓贵大患若身？吾所以有大患者，
为吾有身，及吾无身，吾有何患？

为什么把名利的得失看得跟自己的性命一样贵重？一个人有名利得失之担忧，是因为其做任何事都把自己的性命利益放在第一位。如果像道家圣人那样，不计个人得失，将自己的身家性命毫无保留地奉献给社会，在这样的情怀境界里，自然宠辱不惊，有什么可担心的呢？

故贵以身为天下，若可寄天下；爱以
身为天下，若可托天下。

所以，那种把天下老百姓性命看得比自己性命还贵重的人，才可以安心托付天下老百姓；那种爱护天下老百姓性命胜过爱护自己性命的人，才可以踏实让其荫庇天下老百姓。

【义理】

不自私方能成其私，利万物才能利己身，这是道家圣人的理想实践观；不被浮华遮望眼，缘由深处看云烟，这是道家圣人的理想智慧观。

自私的人，总是关心自己当下的喜怒哀乐，算计眼前的名利得失。那些迷恋声色犬马、陶醉于山珍海味、凡事斤斤计较、喜怒无常的人，只是极端的利己主义者，这样的人显然是不堪大任，不足以肩负天下苍生所托的。

只有胸怀天下、爱天下苍生性命胜于自己性命、乐于奉献社会大众的人，才是这个社会的栋梁，才可能真正肩负得起天下苍生的重托。

第十四章

视之不见，名曰夷；听之不闻，名曰希；搏之不得，名曰微。此三者不可致诘，故混而为一。其上不皦，其下不昧，绳绳兮不可名。复归于无物，是谓无状之状，无物之象，是谓惚恍。迎之不见其首，随之不见其后。执古之道，以御今之有。能知古始，是谓道纪。

【释义】

视之不见，名曰夷①；听之不闻，名曰希②；搏③之不得，名曰微④。

①夷：平坦，引申为均匀无别。
②希：少，这里指没有声音区别。
③搏：《说文解字》："搏，索持也"，捕捉。
④微：不能通过感知区别不同个体。

万物未成，天地未分之前，气自由运动，相互之间没有色彩区别，所以无法用视觉区别，称为"夷"；相互之间没有声音差别，所以无法用听力分辨，称为"希"；相互之间形质属性万众如一，所以无法用触觉鉴别，称为"微"。

此三者不可致诘①，故混而为一。其上不皦②，其下不昧③，绳绳④兮不可名。复归于无物⑤，是谓无状之状，无物之象，是谓惚恍⑥。迎之不见其首，随之不见其后。

①致诘：致，精细；诘，音"jí"，追究；致诘，进一步深入微观区分追究。
②皦：音"jiǎo"，光明。
③昧：阴暗。
④绳绳：同"冥冥"，分不清楚，纷纭不绝。
⑤无物：无形体区别的物，即宇宙本原之气。
⑥惚恍：若有若无。

　　万物未成，天地未分之前的气在整个空间上无拘无束，任性而行，无声音区别，无色彩差异，无形体特征，整个宇宙之气混沌一体，所以称为"一"。

　　它的上面不显得光明亮堂，下面也不显得阴暗晦涩，延绵无别，无法描述，不能区分。因为其时气都以没有个性差别的同一性状存在，所以相互间无感觉认知上的区别；由于没有气聚合，没有个性特征的具象物质形成，所以整个宇宙显得混混沌沌，恍恍惚惚，无法以感知区别，无法以语言诉说，所以虽有而似无。这样的宇宙存在体，迎着它，分辨不出头的形状；跟着它，也区分不出尾的态势。

执古之道，以御今之有①。能知古始②，是谓道纪③。

①有：指可直接感知描述的事物。
②古始：宇宙的原始，即万物未成，天地未分之前的宇宙。
③纪：散丝的头绪，引申为规律。

　　通过把握宇宙始初就已存在的道机原理及其造化万物的规律过程，来认知驾驭现实存在的具体事物，这是认识宇宙过去、现在以及未来唯一正确的途径。通过对现实具体事物的分析总结，去逻辑地思辨宇宙的初始性状，这是认识"道"的本质属性及其作用规律特征的唯一可行路径。

【义理】

前贤多认为本章是描述道体特征的，这主要是基于传统道的物质本性观而建立的。笔者认为，本章是对万物未成、天地未分之前气存在状态特征的描述，而不是针对道本身，其中"复归于无物""能知古始，是谓道纪"两句，就清楚地证明了这一点。

道家基于道的正反对立依存转化机制，推崇化反从正，侧重在无为处做有为功夫。这样的实践思路，使得道家在天地自然万象认知中，习惯于事物内在机理的研究，着意于事物的发生根源，而不是痴迷于事物表象。由此，道家成为人类历史上最早系统建立理性唯物论宇宙演化学说的学派。

第十五章

古之善为道者,微妙玄通,深不可识。夫唯不可识,故强为之容:豫兮若冬涉川;犹兮若畏四邻;俨兮其若客;涣兮其若冰将释;敦兮其若朴;旷兮其若谷;混兮其若浊。孰能浊以静之徐清;孰能安以动之徐生。保此道者,不欲盈。夫唯不盈,故能蔽而新成。

【释义】

古之善①为道者,微妙玄通,深不可识。夫唯不可识,故强为之容②。

①善:擅长。
②容:形容、描述。

古时候擅长按照道的原理思想行动的人,处世行事皆本于玄妙幽深的根本道理,而不是因应于事物外在表象,所以常人难以理解其思想行为的逻辑。因为难以理解,所以只能勉强形容这种人的品性特点。

豫①兮若冬涉川;犹②兮若畏四邻;俨③兮其若客;涣兮其若冰将释;敦兮其若朴;旷兮其若谷;混④兮其若浊。

①豫:兽名,性好疑,引申为谨慎小心。
②犹:《释文》引《尸子》:"犹,五尺大犬也",犬守夜,警戒外患。
③俨:庄敬貌。
④混:愚钝貌。

这种人做事小心谨慎，好像冬天踩着冰过河；面对外界环境的变化，时刻保持警觉戒备，如同防备邻国敌人的进攻；与人交往，端庄恭敬，如同赴宴待客；面对困难，总能提出合理方案，逐步解决问题，好像消融坚冰一样自然而有效；为人纯朴直爽，毫无做作，真实如同未加工过的原木；胸怀宽广豁达，如同大山川谷一样包容万物；性格谦和低调内敛，好像浑浊的水一样让人难以捉摸。

孰能浊①以静之徐清；孰能安②以动之徐生。保此道者，不欲盈③。夫唯不盈，故能蔽④而新成。

①浊：本义指饱含泥沙杂物的污水，这里引申为社会混乱无序不宁。

②安：本意指安定，这里引申为社会不能发展进步，死气沉沉。

③盈：满溢，引申为体现出来的事物属性，这里指人们想得到的事物属性。

④蔽：弊端，问题所在之处。

谁能使混乱不堪、欺诈侵凌横行的社会宁静下来，并逐渐恢复和谐安宁的秩序？谁又能让原地踟蹰徘徊、死气沉沉的社会，产生新的发展动力，逐渐恢复勃勃生机？

持守大道，并善于践行大道的人，总是能准确洞察制约社会文明进步发展的问题根源，围绕世人所不欲事物属性形成的机制根源处作化解功夫。造成社会混乱失序的弊端因素解决了，制约社会进步发展的负面能量化解了，社会环境自然重新趋向安宁和谐，劳动人民的智慧创造潜能又得以全面激发，社会文明的进步发展自然会再次走上康庄大道。

【义理】

前贤多解"孰能浊以静之徐清；孰能安以动之徐生"为"谁能使浑浊安静下来，慢慢澄清？谁能使安静变动起来，慢慢显出生机？"

笔者认为，这样的解释不伦不类，语意不明，而解作"谁能使混乱不堪、欺诈侵凌横行的社会环境宁静下来，并逐渐恢复和谐秩序？谁又能让原地踯躅徘徊、死气沉沉的社会，产生新的发展动力，逐渐恢复勃勃生机"，不仅文意畅通，而且也符合《道德经》全书的宗旨。

不同的哲学信仰，决定了不同的品性思想行为。道家秉持化反从正的哲学准则及其相应的内求思想实践态度，所以始终坚持问题导向，处世总是充满忧患意识，始终保持谦虚谨慎的作风，行事低调谨慎，解决困难冷静周详，待人接物庄敬诚实，胸怀宽广豁达，性格谦和温雅。也唯有这样的圣贤，才能推动社会不断有序发展。

第十六章

致虚极,守静笃。万物并作,吾以观复。夫物芸芸,各复归其根。归根曰静,静曰复命。复命曰常,知常曰明。不知常,妄作凶。知常容,容乃公,公乃全,全乃天,天乃道,道乃久,没身不殆。

【释义】

致①虚极,守静笃②。

①致:通"至",到达之意。如《庄子·外物》:"然则厕足而垫之致黄泉。"
②笃:形声字,从"马","竹"声,本义指马行迟钝,这里引申为极度。

天地万物生成之前,无物无象,宇宙本原之气混沌一体,不可感知区别,所以谓之"虚极";天地万物生成之前,气自由运动,无合无聚,无变无化,声律如一,不可辨别,所以谓之"静笃",亦即"寂兮寥兮"之象。

基于道的正反对立依存互化原理,道家明确认为"有"生于"无","动"基于"静"。所以要想"有为",成就辉煌事业,就必须从"虚极""无为"处开始入手,即"致虚极";要想生生不息,繁荣昌盛,就必须从"静笃"无化处做功夫,即"守静笃"。

万物并作，吾以观复。

流光溢彩、繁花似锦的世界美轮美奂，令人陶醉，让人留恋，但在道家看来，任何事物不断走向极致宏盛景象的同时，也在不断蕴积越来越多、越来越强地促使其走向衰亡的负面因素。

不为浮华遮望眼，在秉持道家哲学观者看来，只有尽早地将目光聚焦在事物潜在的败亡复归路上，不断消解这些负面因素，才能真正保障各种正面因素正常发挥其作用，使得人类文明能够不断前进而不发生倒退危险。

夫物芸芸，各复归其根。

天地万物任其自然发展，不加外界干涉，一定时间后，必然会由于负面动能的不断蕴积，以及正面动能的不断消减，开始走向与之前完全相反的衰亡"复归"之路。

此后，以前的负面因素变成主导万物演化方向的"根本"，并随着天地万物的不断衰亡"复归"，其动能也不断减弱。与之相伴随，以前促进天地万物发展盛壮的因素则变成事物走向衰亡"复归"之路的阻力，并不断增强。

归根曰静，静曰复命。

不断衰亡的天地万物，最终彻底毁灭，"复归"到无物、无象、无声的了无生机的寂然同一混沌之气状态，这就是"静笃"与"虚极"的宇宙，"归根曰静"即指此而言。

极则必反，"静笃""虚极"，了无生机的宇宙之气，其时复归的动力消耗殆尽，相应地促进天地万物重新发生形成的动力强盛至极，所以宇宙从此又开始生机蓬勃，走向欣欣向荣的万物生发演化过程，此即"静曰复命"。

复命曰常，知常曰明。
不知常，妄作凶。

　　天地万物生而灭，灭而生，在"归根"与"复命"之间无限循环，这是由道的对立矛盾转化机能属性决定的，只要没有外界环境因素施加额外影响，这一规律将是永恒不变的，所以"复命曰常"。
　　生活中，懂得这一宇宙演化规律的人，才能从容应对世间一切事物，合理作为，贡献社会，保护自己，这样的人才能算"明"。如果一个人不懂这种基本的宇宙规律机制，就不能从容应对世事变化，胡乱作为，伤及自己，祸及社会，所以"不知常，妄作凶"。

知常容，容乃公，公乃全，全乃天，
天乃道，道乃久，没身不殆。

　　懂得宇宙恒常演化规律机制的人，可以理解世间所发生的一切事物，所以能从容面对、包容一切。只有理解包容世间所发生的一切事物，才会形成公正合理、不偏不倚、全面周详的应对处理措施。面对纷繁芜杂的世间万物，只有形成公正合理、不偏不倚、全面周详的应对处理措施，才能完全顺应天地时空演变，顺应人类文明发展规律。只有完全顺应天地时空演化，顺应人类文明发展规律的决策，才真正符合宇宙最根本的大道。而只有符合宇宙最根本大道的思想行为，才能建立永垂不朽的功业，传下流芳百世的英名。

【义理】

　　"并作"与"虚极"、"复命"与"归根"之间的转化关系，实际上体现的是道家宇宙演化观中的"有"与"无"、"动"与"静"之间的动态辩证关系。
　　所谓"有"就是显像的、可以直接感知的、由气合和而成的宏观事物，所谓"无"就是微观不显的、不可直接感知的、自由离散状态的气。

所谓"动"就是气相互碰撞聚合生成可以直接感知的有形万物的作用过程，体现在外在的征象，就是生生不息，变化无穷，所以谓之"动"；所谓"静"就是气相互碰撞聚合生成可以直接感知的有形万物之前的自由离散运动状态，体现在外在的征象，就是混沌一片，无变无化，视、听、搏皆不可得其感，所以谓之"静"。

"有无"是针对物质存在性特征而言，而"动静"则是从造化功能特征而言，所以前者究极之体在气，后者原始之本在于道。有无互化，动静相生，道家基于道的对立矛盾转化性及其由此主导的天地万物盛衰转化规律，认为凡是欣欣向荣的事业，都需要从微小不显之处着手，守住生生之机的根本，如此才能顺利到达理想的彼岸，成就彪炳史册的业绩。

第十七章

太上，不知有之。其次，亲而誉之。其次，畏之。其次，侮之。信不足焉，有不信焉。悠兮其贵言。功成事遂，百姓皆谓："我自然。"

【释义】

太上①，不知有之②。

①太上：最上等的君王。
②不知有之：感觉不到有这个君王的存在。

一国之主，君临天下，日理万机，但是老百姓都自由自主生活，感受不到他的存在，说明这等君王奉行"处无为之事，行不言之教"的治国理念，秉持"万物作而弗始，生而弗有，为而弗恃，功成而不居"精神的淡泊无欲情怀。

这样的治国哲学，只有道家圣人才能达到。因为道家圣人治国不是高高在上，去号召教化、引领强迫老百姓想什么、做什么、怎么做，而是想民所想、急民所急，处众人之所恶，化解百姓之所不欲，让老百姓的聪明才智自然而然地展现出来，使百姓的期待在自由思想创造过程中得以实现。这样的为政结果，老百姓当然不能直觉其存在。

其次，亲而誉之。

亲近他，并赞誉他。得善，得仁，得爱，方可亲近赞誉。秉持仁善关爱之心治理国家的君王，是儒家圣人的标准。

其次，畏之①。

①畏之：畏，会意字，甲骨文中表示鬼手拿杖打人，使人害怕恐惧，如《广雅·释诂二》说："畏，惧也。"畏之，老百姓害怕他。

以暴力胁迫的治国方法会使老百姓害怕恐惧而远离。让人畏惧远离的君王就是钟情强制手段的君王。这种君王更次于儒家圣人，本质上就是独裁者。

其次，侮①之。信不足焉，有不信焉。

①侮：轻慢，侮辱，指奋起反抗。

老百姓轻慢、侮辱，乃至奋起反抗君王，说明君王完全失去诚信，失去道德底线，胡作非为，肆意奴役压榨百姓，使老百姓失去基本的生活保障，丧失了对君王的最后信任与寄托。这样君王显然已经属于昏君暴君范畴了，当然最次。

悠①兮其贵言。功成事遂，百姓皆谓："我自然。"

①悠：遥远。

"太上"层次的君王，由于奉行"处无为之事，行不言之教"的治国理念，给老百姓的感觉是他很少直接发号施令，也不引领百姓，更不会强迫百姓，其存在似乎很遥远，几乎感觉不到他的直接影响。所以，当老百姓创造并享受社会文明进步成果时，老百姓的直觉是，这一切都是他们凭借自身聪明才智，亲力亲为所得到的，理应如此，与君王没有任何关系。

【义理】

　　自从有了国家观念，君王就应运而生。君王的天职是治国理政、济世安民。但君王是人不是神，生活在不同时代、不同地域、不同文化环境，使得他们的知识结构、生活经历、哲学信仰、价值准则等大相径庭，因而其为政目标、治世理念皆各具特色。

　　千差万别的统治思维方法，必然造成截然不同的社会效应，作为统治对象，老百姓的感受无疑是最真切的。而《道德经》根据老百姓的感受，将其分为四个等级。

　　其中，"不知有之"境界的"太上"治国精神，属于道家所独有。而"亲而誉之"的君王则是儒家理想中的明君境界。至于让百姓"畏之"的君王实际上就是独裁者。让世人群起而"侮之"的君王，是最拙劣的，本质上是昏君、暴君。

第十八章

大道废,有仁义。智慧出,有大伪。六亲不和,有孝慈。国家昏乱,有忠臣。

【释义】

大道废,有仁①义②。

①仁:善良待客,相亲相爱。
②义:公正合宜。

凡事背离其道的正反依存互化原理,一味追求效益与功利,难免蓄积并诱发出人性残暴邪恶的一面,进而为乱社会。为制约消弭人性潜藏的这种不良品性,儒家提出与人为善,处事公正合宜的社会伦理规范,前者谓之仁,后者谓之义。

智慧出,有大伪①。

①伪:会意字,从"人",从"为",合起来表示枉顾事物自然演化规律,按照个人主观意愿做事,如徐锴《说文解字系传》说:"伪者,人为之,非天真也。"

看似日新月异、杂乱无序的宇宙,实际上却是一个具有内在必然原理逻辑的秩序井然结构体。因为世间万物都有各自独特的发生形成及其演化变迁之道,大大小小的事物通过各自特定的方式与其他事物相互关联。所谓牵一发而动全身，万物只有按照各自本性本能的发生形成及其演化变迁之道发展，宇宙才能有序和谐存在。

作为一个自成系统的小世界，人类社会同样有其客观、有机、秩序的发生形成及其演化变迁之道，这个道的精神核心就是"万物与我为一，天地与我并生"的共生共荣之路。道家基于这种人类社会观，要求世人处世行事，必须秉持美美与共的生生之道原理，切忌按照一己之欲去思想行动。

如果世人心灵被事物外象所蒙蔽，背离人类文明进步发展大道原理，枉顾社会公众利益，持一己之私欲，迷恋眼前色彩名利享受，用尽心机，想尽办法摄取，则只能用非道德的"伪"法，要么投机取巧，甚或强取豪夺，由此引发欺诈横行、矛盾丛生、社会动荡、文明倒退的现象。儒家正是基于这种社会现实，又提出以诚信为本的社会伦理规范。

> 六亲不和，有孝①慈②。
> ①孝：孝敬长辈。

②慈：友善对待晚辈。

人们为了追求眼前的功名利禄，相互欺诈、相互侵凌，无恶不作，发展到六亲不认的时候，只能制定"孝"和"慈"的社会伦理规范来约束、防范这些极度邪恶的思想行为，这是儒家道德的最后一道防线。

国家昏乱，有忠臣。

上至君王，下至黎民，如果绝大多数人都利令智昏，摒弃大道，急功近利，一味追求个人利益，以自我富贵为目标、自我享受为追求的时候，由于整个社会诚信缺失，行为越矩，邪恶无处不在，社会秩序深陷混乱。这时候，特别需要具有远见智慧的贤臣来纠偏，以力挽狂澜，儒家忠臣观因此而生。

【义理】

　　道家认为，只有按照道的对立依存转化原理，反向求索并化解事物潜在不显的负面属性，才能真正求得事物正面属性的不断壮大。如果摒弃这一原则，一味试图发挥正能量，推动事物的正面属性，来求得理想欲望的实现，必然会因为极度的功利主义而自私自利，从而伤及无辜，损害他人，扰乱人心，阻碍社会进步，甚至引起混乱，乃至文明的倒退。

　　儒家的价值观正好秉持这种看似阳光的极致功利主义。为防止这种因为极度功利观念导致的社会危害，儒家特别建立了仁义礼智信以及忠孝仁慈的社会伦理规范。但现实中，单纯依靠儒家烦琐的纲常名教，不但不能治国安邦、富国强民，反而使人心更加不古，邪恶愈加横行。民间所谓"治世道，乱世佛，由治到乱是儒家"，就深刻揭示了这一残酷现实。

第十九章

　　绝智弃辩，民利百倍。绝伪弃诈，民复孝慈。绝巧弃利，盗贼无有。此三者以为文不足，故令有所属：见素抱朴，少思寡欲，绝学无忧。

【释义】

绝智①弃辩②，民利百倍。

①绝智：智，会意字，从"日"，从"知"，太阳寓意光明，与黑暗相对，为世人向往，所以智的本意就是深明世人所欲望的事物，这里指功利主义价值准则的施政方法，用当今世俗的说法，就是一味追求短期看得见摸得着政绩的施政方法。绝智，杜绝功利主义价值准则的施政方法，按照道的正反对立依存转化原理，就是将治国理政的心思与精力放在解决那些老百姓所不欲、所害怕、所厌恶的社会事物上。

②辩：形声字。从"言"，"辡"（biàn）声，本义为围绕某一事物辩论，以期让对方明白并接受自己的观点，本文指通过各种宣传手段，把自己的意志

欲念加置百姓，使老百姓无条件顺从其统治思想的施政理念。

统治者忽视人类社会进步发展的反面制约因素，一味好大喜功，贪图荣华，以此心术驭万众心身，无疑揠苗助长，所创造的国泰民安必然是表面的、暂时的，其深层次蓄积的负面能量总有一天会如火山一样爆发，不可收拾。

反之，统治者如果忍辱负重，"受国之垢"，处民之所不欲，安做民梯，解民所困，创造民智施展才华的条件，发扬民意，由民作主，这样的治国方式，不仅能最大限度地开发民智，更能持续稳定地促进人类文明的进步发展。

绝伪弃诈①，民复孝慈。

①诈：欺骗，如《说文解字》："诈，欺也。"

上行下效，上梁不正下梁歪。统治者因为利欲熏心，抛弃化反从正实践原则，置民生死利害于不顾，试图通过投机取巧、欺瞒诱骗百姓的方式，达到其统治天下、粉饰太平的目的时，老百姓自然也会效法习仿。当欺瞒倾轧的歪风邪气自上而下，蔓延至社会各个阶层时，即便血亲关系之间也难幸免。

所以只有人君杜绝投机取巧、欺瞒哄骗、倾轧侵凌之风，而实事求是，按照道德原理行事，开务实风气之先，民众才能自觉仿而效之，诚信得以成为社会主流风尚，孝慈自可复苏。

绝巧①弃利②，盗贼无有。

①巧：技艺高明，《墨子·贵义》说："利于人，谓之巧"，这里指不遵循大道规律的，通过非正当的行为取得利益。

②利：会意字，从"刀"，从"禾"，表示以刀断禾、收获谷物的意思，引申为得到好处。

人君如果迷恋奢华，贪得无厌，巧立名目，窃占老百姓的利益，供自己挥霍，那么被迫无奈的老百姓也会"见贤思齐"，铤而走险，通过不正当的方式攫取本来属于他人的东西。而人君如果谨守本分，不慕荣华，让利于民，那么整个社会自然风清气正，盗贼也无由产生。

此三者以为文①不足，故令有所属：见素②抱朴②，少思寡欲，绝学③无忧。	①文：文化，文以化人，以文化教育人。 ②素、朴：素，本义指没有染色的本色生帛。朴，本义是没有加工的木料。素、朴，这里皆引申为真实无伪饰。 ③学：指智辩、伪诈、巧利之学。

智辩者，功利虚荣心出；伪诈者，叛道失信风起；巧利者，强取豪夺习常。人君以此三术教化百姓，治理国家，因为违背了道德原理，结果不仅所求不得，而且适得其反。

所以为政者，要始终秉持道德原理的思想行为原则，尊重事实，尊重规律，在制约民生之处下功夫，在愚昧不明之处做学问。不把自己的主观愿望强加于民，不以自己的私欲来影响人民。根绝智辩、伪诈、巧利之学，发扬民主，开启民智，汇大众之才华，任由劳动人民推动社会文明不断进步。如果能够这样做，那有什么可忧患的呢？

【义理】

儒家易摒弃对事物发生形成根源的认识，枉顾道气本体论的宇宙造化原理，迷恋于事物外在的浮华，一味追求看得见摸得着的功名利禄。极致的功利主义治世方式容易让人走上损人利己、无所不用其极的邪路，引发各种社会动乱，甚至导致整个社会文明的倒退。为此，儒家建立仁、义、礼、智、信、孝悌等社会伦理规范来试图化解这些问题。

但在道家看来，儒家的这些社会伦理规范只是隔靴搔痒，无法达到预期目的。而要解决本源于人性的这些无良问题，只有按照道德原理行事，持守事物发生形成根本，在负面恶性之处，作化解功夫，方可真正保障社会文明的健康发展。道家这种治世精神的正确性，被后来的人类历史不断证实。

中国历史上，著名的文景之治、光武中兴、贞观之治、开元盛世皆是道家治国精神的结果。反观功利之儒家当政之时，国家总是从大治走向变乱衰亡。如独尊儒术、好大喜功的汉武帝，虽然短期看，征战四夷、开疆拓土，四方臣服，但长期看，却导致汉王朝自身国力空虚、经济萧条、生产力停滞不前、社会矛盾丛生，此后，西汉王朝迅速走向衰亡。

第二十章

　　唯之与阿,相去几何?美之与恶,相去若何?人之所畏,不可不畏。荒兮,其未央哉!众人熙熙,如享太牢,如春登台。我独泊兮,其未兆,如婴儿之未孩,儽儽兮,若无所归。众人皆有余,而我独若遗。我愚人之心也哉!俗人昭昭,我独昏昏。俗人察察,我独闷闷。澹兮其若海,飂兮若无止。众人皆有以,而我独顽且鄙。我独异于人,而贵食母。

【释义】

唯①之与阿②,相去几何?美之与恶③,相去若何?人之所畏,不可不畏。荒④兮,其未央⑤哉!

①唯:大声严肃应答,体现对对方的敬畏尊重。

②阿:同"呵",轻慢地应答,体现对对方的不屑轻视。

③恶:丑。

④荒:形声字,指长满野草的沼泽地。

⑤央:会意字,从"大",从"冂"(jiōng),一个人站在"冂"中,本义指中心,这里引申为核心根本。

世俗社会中，恭敬地应答别人与轻慢地应答别人，往往缘于对方名利地位的差异，前者位居上流社会，有名利权势；后者位居社会底层，贫贱无势无名。

美和丑是界定事物外在形象的对立相反概念，美是那些色彩艳丽、构造奇巧，让人不自觉爱慕的事物外在属性特征；丑是那些色彩芜杂、构造别扭，让人不自觉讨厌反感的事物属性特征。

恭敬应答和轻慢应答，虽然有态度上的天壤之别，但究其实质，都是应答别人的形式而已，而被应答者因恭敬应答而欣慰快乐，因轻慢应答而伤心郁闷，说明其对眼前的名利地位等看得非常重。

美和丑确实有特征性的巨大反差，但究其实质，又都是对事物外在属性的界定。人们如此爱美而嫌丑，说明其在乎的只是事物的外在表象而已。

世俗的力量是强大的，当这个社会上绝大多数人只在乎刻下的名利地位、只关注事物眼前的外在美丑，并以此作为价值取向时，即便其他少数人不认可，也奈何不了这种俗世红尘潮流，而且还得处处谨小慎微，否则要被整个社会所鄙视，甚至成为时代的敌人。但世俗这种观念行为，在道家学人看来，如同误入无边无际的荒野杂草丛中，迷失方向，找不到事物发展的核心根本。

众人熙熙①，如享太牢②，如春登台。我③独泊④兮，其未兆，如婴儿之未孩⑤。傫傫⑥兮，若无所归。

① 熙：形声字，本义指晒着暖烘烘的太阳，本文引申形容人的幸福满足之状。

② 太牢：古代祭祀所用牺牲，行祭前需先饲养于牢，故这类牺牲称为牢，根据牺牲搭配的种类不同而有太牢、少牢之分，少牢只有羊、豕，太牢包括羊、豕、牛三种，本文引申指丰盛的宴席。

③ 我：指体道得道行道之士。

④ 泊：形声字，从"水"，从"白"，"白"亦声，"白"意为空无，"水""白"

> 联合起来表示水面空无一物，空闲的水面可以停船，引申为栖止停留。
> ⑤孩：同"咳"，指婴儿的笑声。
> ⑥儽：《说文解字》："懒懈也"，懒散无所事事的样子，这里形容懵懵懂懂无所欲求貌。

世俗社会中，绝大多数人都热衷享受名利美色带来的荣宠与快感，如同品味丰盛美味的宴席，沐浴高台轩榭曦曦春风。而得道行道之人，似乎从不懂得名利美色享受，总是把所有的心思放置在名利美色的反面，甘于寂寞，甘于孤独，甘于卑微，寻求破解贫贱丑恶的深层次根源。

在世俗之人看来，这样不懂享受、安于吃苦吃亏的人，傻得像刚刚出生的婴儿，不懂贵贱美丑，没有智者的聪慧，连表示喜好的欢笑都没有，更不晓得名利美色追求，整日里忙忙碌碌，浑浑噩噩。

众人皆有余①，而我独若遗②。我愚人之心也哉！俗人昭昭③，我独昏昏④。俗人察察⑤，我独闷闷⑥。

①有余：富足。
②遗：不足。
③昭：明白清楚。
④昏：暗昧不明。
⑤察：贾谊《道术》说："纤微皆审谓之察。"
⑥闷：思不成序，混沌不清。

世俗之人不懂得道的正反依存互化原理，不相信"生于忧患，死于安乐"的祸福转化哲学。认为生活中分得清贵贱美丑、深明趋利避害、懂得享受生活就是最高境界的人生智慧。这种人坚信自己聪明过人，无所不知，无所不能，因而飞扬跋扈，自以为是，穷奢极欲。

而圣贤之人，始终牢记道的正反依存互化原理，以"祸兮福之所倚，福兮祸之所伏"为人生座右铭。所以置身恩宠尊荣中，仍然时刻保持忧患意识；面对美轮美奂之色彩，思绪却沉潜在其深层次的发生形成机理之中。因为深刻认识万事万物发生形成及其演化变迁的内在缘由，所以总是试图从事物微末根本之处入手，持守化反从正实践路径，防患于未然，待理想自我成长。从中也不断感受自身知识的匮乏与能力的渺小，因而始终持守一颗谦卑的愚人之心。

澹①兮其若海，飂②兮若无止。众人皆有以，而我独顽③且鄙④。我独异于人，而贵食母⑤。

①澹：恬静，安定。
②飂：音"liáo"，急风。
③顽：形声，从"页"（xié），"元"声，本义指难劈开的囫囵木头，这里引申为愚钝不开窍。
④鄙：见识浅薄。
⑤母：能生物者谓之母，本文有两层意思，一是指事物的反面属性，二是指道的反面力量，二者是逻辑因果关系，道的反面力量强弱决定事物反面属性的强弱有无显隐。

只是着意于眼前世界事物外象的世俗之人，认为自己无所不知、无所不能，在面对名利美色时，争先恐后，甘之如饴，流连忘返。

委身心于大道的人，在面对天地自然时，总是斤斤计较于自己的愚钝与无知以及自身能力的弱小。在面对名利美色时，犹如风平浪静的大海，思绪无波，恬然处之，不为所惑。生活中，总是把自己的精力集中在那些世俗之人鄙视厌恶的贫贱丑陋之处，犹如鼓茅动叶的疾风，孜孜不倦，无所畏惧，攻坚克难。

得道之人，在面对世间万象，与世俗之人有如此大的差别，就是因为他们深知本性天然禀赋对立依存互化性，以及由道主导的万事万物发生形成及其演化发展过程中，存在正反互依互化的对立矛盾转化规律。所以始终执守事物内在道机，紧盯世俗不欲的事物属性，探寻深层次的发生形成根源，想尽一切方法来化解克服。

【义理】

　　道的正反对立依存转化机制从根本上决定了事物的发展方向、发展过程。所以在道家看来，凡事执守道的基本原理，坚持化反从正实践路径是人类追求理想、实现理想最稳妥的方式。

　　但世俗之人，绝大多数并不懂得道，当然也不会守道，不会从事物的反面属性中培育正面属性的生生不息之机，而是被眼前外在的名利色彩，或者说所谓的正能量迷惑折服，并想尽一切办法，做足一切功课，汲汲以求，乐在其中，认为这才是大聪明、大智慧。

第二十一章

孔德之容,惟道是从。道之为物,惟恍惟惚。惚兮恍兮,其中有象;恍兮惚兮,其中有物。窈兮冥兮,其中有精;其精甚真,其中有信。自今及古,其名不去,以阅众甫。吾何以知众甫之状哉?以此。

【释义】

孔①德②之容③,惟道是从。

①孔:甚,大。

②德:会意字,由"彳(chì)""十""目""一""心"组成。彳,本意指行走,喻人的行为;十,指代直线,表示目标与方向;目,十下是一双眼睛,表示目光紧盯目标与方向而行动;一,数之始,这里指宇宙之本体,万物之根本,即道气合一之体,如《说文解字》说:"惟初太始,道立于一,造分天地,化成万物";心,思想意识所生之处,"心"在"一"下,表示这种思想意识是从道气合一的道家宇宙本体论而来。人的主观能动创造活动总是紧盯一定的目标方向进行,如果这个目标方向的确立是基

于道的本体论认识而形成的，那么这种意识思想行为就具备了"德"性基础。

③容：容貌，形态。

人作为宇宙演化过程中的产物，虽然具有独特的主观能动创造能力，但无论如何，基于服务人类生存利益这个根本目的，其创造活动必须以顺应人类文明进步发展的根本道机原理为前提。否则不可能真正达到目的，甚至还会产生负面或者意外的灾祸。道家把这种秉持道性精神的主观能动意识行为称为"德"。"德"的造字思维逻辑就很好地诠释了道家所秉持的这种性命哲学观。

道之为物，惟恍惟惚①。
惚兮恍兮，其中有象②；
恍兮惚兮，其中有物。
窈兮冥兮③，其中有精④；
其精⑤甚真⑥，其中有信⑦。

①恍、惚：仿佛、不清楚。
②象：《易经·系辞》说："见乃谓之象，形乃谓之器。"
③窈兮冥兮：窈，深远，微不可见。冥，暗昧，深不可测。
④精：最微小的原质，极细微的物质实体。
⑥甚真：是很真实的。
⑦信：信验，真实可信。

道是气禀赋的功能属性，无直观具象可感知，所以道推动气造化万物的整个过程，给人的感觉是一种似有似无、恍恍惚惚的存在状态。说其恍惚玄虚，是因为道不能直视感受；说其真实存在，是因为道在真切地推动气聚散离合，而气聚散离合导致的万物具象变化又可以被实实在在感受到。

恍恍惚惚的道在推动气聚散离合过程中，一方面显示出其自身的真实存在征象，另一方面，也造化形成各种具象的万物体。在道的幽冥玄妙化物过程中，丝丝缕缕的物质精元不断形成与凝聚。和道的玄虚不可感触性不同，这种物质性的精元是真实的存在，也是可以直接信验感受的。

自今及古，其名①不去，以阅众甫②。吾何以知众甫之状哉？以此。

①名：万物演化过程中所体现出来的象。

②甫：象形字，甲骨文像田中菜苗之形，本义为禾苗，苗为田禾初生之象，后世据此引申为物始之状，此处即为此意。

  道的存在只能通过气相互作用体现出来的天地自然万物具象变化来间接体现。天地万物千奇百态，日新月异，不可胜数，难以穷尽。但如果穿越时空，动态、整体、宏观地审视，则它们始终遵循着相似，甚至是相同的演化轨迹，如日月星辰的周期运转、生命万物的生长壮老、气候的寒暑往来等。

  沧海桑田，物是人非，世界似乎总是全新的，但又似乎总是似曾相识。隐藏在这种朦胧相识感深处的，无疑是宇宙永恒而普遍的基本原理与规律。对于专注宇宙万象演化机制探索的思想家来说，这种挥之不去、若明若暗的体悟，正是启迪思辨灵感的源泉。道的观念正是在这丝丝缕缕的思绪碰撞交汇融通过程中，逐渐浮出身影，最终凝聚成形。

  其实，通过万物外在功能形象跨越时空变化规律的总结，思辨万物发生形成的深层次根源机制，不仅是"道"的理论产生形成的路径，也是"气"理论产生形成的路径。

【义理】

  气是宇宙的物质本原之体，道是气天然禀赋的动力性属性，道不能离气而存，气无道则不行。显然，没有气的宇宙，或者只是无尽的虚空，或者根本不存在。但是，如果宇宙只有物质性的气，而没有推动气运动的道，宇宙还是永恒的静默死寂，万物的生化也同样无从发生。所以道气相互依存、相互表征，合二为一，共同成为体现宇宙存在的基础。

不过，就宇宙万象的演化变迁来说，气虽然有形可象，可以闯入人类感知世界，但究其存在意义，始终只是棋子角色。如何走，走哪里，遇见谁，和谁聚，与谁分，自身都毫无主动性可言，而这一切幕后的操控者是看不见摸不着的道，所以道才是万物生生化化的上帝之手。

第二十二章

曲则全，枉则直，洼则盈，敝则新，少则得，多则惑。是以圣人抱一为天下式。不自见，故明；不自是，故彰；不自伐，故有功；不自矜，故长。夫唯不争，故天下莫能与之争。古之所谓"曲则全"者，岂虚言哉！诚全而归之。

【释义】

曲①则全，枉②则直，洼则盈，敝③则新，少则多，多则惑。是以圣人抱一④为天下式⑤。

①曲："曲"和"由"是一对关系字，前者从后者改变而来，"由"指庄稼地边界被打破，"曲"指庄稼地边界体系进一步解体，所以，"曲"字的本义指农田边界体系的破坏，引申为不完整、不全面，本文即属此意。

②枉：形声字，"木"为形，"㞷"（后来写作"王"）为声，本意指树木弯曲。

③敝：破旧。

④抱一：抱，执守；一，永恒不变，这里指道的对立依存转化属性规律。

⑤式：法式，范式。

器物修补了残缺，自然就完美了。木头刨平了弯曲，自然就变直了。水注满了低洼，池塘自然就满盈了。革除了积弊，事物自然就换新了。解决了贫穷根源，自然就富裕了。

一味贪多求功，忽视其反面制约之道，反而会更容易失去，使人陷入迷茫困境中不能自拔。所以圣人始终执守道的正反互依互化这个永恒不变的原理，将其作为其一切思想行为的准则。

不自见①，故明；不自是，故彰②；不自伐③，故有功；不自矜，故长。

①见：音"xiàn"，同"现"。
②彰，会意兼形声字，从"彡"，从"章"，"章"亦声，"章"义为"站立在最前面"，"彡"（shān）指"多彩"，本意指站在最前面具有迷人风采的人。
③伐：夸耀。

不自作聪明，守着自己不懂的事物作功夫，反能不断提高自己的认识理解能力；专注反思纠正自己的缺点错误，而不自以为是，反能被大众推崇；专心克服自己能力不足之处，而不炫耀己能，反能成就一番事业功劳。

所以生活中，只有那些不浮夸、不骄傲、不自满，时刻关注自身的缺点不足，执着于从事物反面属性的化解过程中追求理想的人，才能不断提高自身各方面的能力，开创真正稳健持久的伟大事业。

夫唯不争，故天下莫能与之争。古之所谓"曲则全"者，岂虚言哉！诚全而归之。

世俗之人皆争先恐后在名利场上，你追我赶，你争我抢，唯恐落后于人。而道家圣人则始终默默孤守世俗所不欲之处，想方设法化解那些制约事物正面属性的反面力量。这样的寻觅过程对于世俗之人来说自然没有任何吸引力，唯恐避之不及。但是，这样得来的成就却坚如磐石，完美无瑕，无法被外力侵凌。先贤所谓"修补了所有缺陷，自然就会得到完美"的说法，怎么会是不可信的空话呢？它实实在在是能够达到的。

【义理】

"曲则全，枉则直，洼则盈，敝则新，少则多，多则惑"一段，前贤多释为"委曲便会保全，屈枉便会直伸；低洼便会充盈，陈旧便会更新；少取便会获得，贪多便会迷惑"。笔者认为，这样的解释，找不到形而上的逻辑根据，现实中也不存在。若释为"器物修补了残缺，自然就完美了。木头刨平了弯曲，自然就变直了。水注满了池塘，自然就满盈了。革除了积弊，事物自然就换新了。解决了贫穷根源，自然就富裕了。一味贪多求功，忽视其反面制约之道，反而会更加容易失去，使人陷入迷茫困境中……"义理非常畅通。

按照道的对立依存转化原理，任何事物都有对立矛盾的两面属性，此消彼长，此长彼消。所以只要最大限度地化解事物的反面属性，相应的正面属性就会自然稳健地成长发展。本章仍然旨在强调这种化反从正思想行为的无上重要性。

第二十三章

希言自然。故飘风不终朝,骤雨不终日。孰为此者?天地。天地尚不能久,而况于人乎?故从事于道者,同于道;德者,同于德;失者,同于失。同于德者,道亦德之;同于失者,道亦失之。

【释义】

希言①自然。故飘风②不终朝,骤雨③不终日。孰为此者?天地。天地尚不能久,而况于人乎?

①言:说话,此处指体现统治者情感意志的戒律教令。
②飘风:大风。
③骤雨:大雨。

持守道德的统治者,绝不会把自己的私欲以戒律教令的方式强加于民,而是秉持人类文明生生之道原理,想民所想,急民所急,无私奉献,安作民梯,张扬民意,老百姓的智慧创造才能得以最大限度地发挥。只有这样的治国理政方式,才符合社会文明进步发展规律,其自身的人生价值也才会被历史认可。

为什么这样说?因为肆虐万物的凌厉狂风超不过一个早晨,摧枯拉朽的滂沱暴雨持续不了一天。倾天地之能造作的毁灭性天气尚且如此难以持续,何况与之相比微末渺小的人君,又怎么能够肆意妄为,让老百姓始终顺从其残暴统治呢?

故从事于道者,同①于道;德者,同于德;失者,同于失。同于德者,道亦德之;同于失者,道亦失之。

①同:同"通",下同。

所以统治者秉持不同的思想实践方式治国,决定了不同的社会结局:如果执守道德精神,按照化反从正思路治理国家,那么人民自然安居乐业,社会欣欣向荣,国家健康发展;如果枉顾道德精神,抛弃化反从正治国思路,痴迷眼前浮华,满脑子功利思想,漠视或掩盖负能量,一味醉心于正能量发挥,反而会因为负能量的日渐增强,以及正能量的不断枯竭,导致整个社会文明失去生机,人民陷入困苦,国家步入衰亡轨道。

所以,如果统治者在治国理念上秉持道德精神,那么宇宙大道自然也会赐予他成功与荣耀,成为流芳百世的圣君;如果统治者违逆道德精神治国,同样,宇宙大道也自然让其身败名裂、遗臭万年。

【义理】

按照道的正反依存互化原理,以及在此作用机制下事物对立矛盾属性的依存互化规律,人类追求目标的途径有两种:

一是着眼于事物目标属性本身,忽视事物的反面属性及其深层次的促成因素,一味发挥道的正性能量,推动事物向预期目标进展,这是儒家的价值实践原则。

二是着眼于事物的反面属性,积极化解排除其深层次的促成因素,以期完美释放事物正面属性发生形成的推动作用,使事物属性自然地向预期目标进展,这是道家的处世实践价值准则。

第二十四章

企者不立；跨者不行。自见者不明；自是者不彰；自伐者无功；自矜者不长。其在道也，曰：馀食赘形。物或恶之，故有道者不处。

【释义】

企①者不立；跨②者不行。自见者不明；自是者不彰；自伐者无功；自矜者不长。

①企：会意字，从"人"，从"止"，甲骨文字形，上面是一个人，下面是"止"（脚），表示脚跟跷起，脚尖着地。
②跨：阔步而行。

不懂得道的正反依存互化之理，枉顾制约事物产生形成的负面因素，一味强调通过发挥正能量的作用去实现理想，这种急功近利的做法，无疑涸泽而渔，虽有一时之效，但终究达不到预期目标。如想看得远，就要站得高，而要站得高，仅试图跂起脚跟难以持久；要想到达目的地，就必须加快速度，但要提速前进，只靠迈大步急行也不能持久。

同样的道理，自作聪明的人，不花心思去探究事物内在发生形成机制原理，所以实际上事事不明、处处出错；自以为是的人，不反省自己的缺陷与不足，结果反而被世人鄙夷轻视；自负自满的人，不脚踏实地学习做事，所以建功立业只是异想天开，纸上谈兵；骄傲自大、目空一切的人，也不能成为受人崇敬的领导者。诸如此类不从制约事物发展根本处着手解决问题、一味急功近利的行为，欲速则不达。

其在道也，曰：馀食赘形①。物或恶之，故有道者不处。

①赘形：多余的形体。

因为这些行为，从道的角度看，就像一个人在追求健康过程中，不是责之于饮食、运动、精神情志以及生活规律等的合理恰当，而是一味责之于大吃大喝，结果脑满肠肥，一身赘肉，反而不利于健康。所以懂得道的正反依存互生原理的人，是不会这样去思考行动的。

【义理】

着眼事物目标属性本身，忽视制约事物发展的反面属性及其深层次的促成力量，一味强调正性能量的创造发挥，这样的图谋实践路径，实际上违背了道的正反互依互化原理，不但不能使事物向预期目标进展，长期看，反而为事物的反向折转创造了更多条件，所以懂道的人从来都不这样思想行动。

第二十五章

有物混成,先天地生。寂兮寥兮,独立而不改,周行而不殆,可以为天地母,吾不知其名,强字之曰道,强为之名曰大。大曰逝,逝曰远,远曰反。故道大,天大,地大,人亦大。域中有四大,而人居其一焉。人法地,地法天,天法道,道法自然。

【释义】

有物混成[1],先天地生。寂兮寥兮,独立[2]而不改[3],周行而不殆,可以为天地母,吾不知其名,强字之曰道,强为之名曰大。

[1]混成:多物并存,且物与物之间不能区分彼此,提示这些物质各自的形体功能属性皆无差别,逻辑上,宇宙中以这样的形式存在的物质,只能是天地未成之前的气。

[2]独立:互不束缚,以本真面目示人。

[3]不改:不可改变,不可再分之意。

"有物混成,先天地生",天地诞生之前,宇宙自有其永恒的物质存在,这种宇宙本体论显然是彻底的唯物观。"混成"之物,就是"万物负阴而抱阳,冲气以为和"之"气",后称为元气。

天地诞生之前的气,彼此之间没有形成任何相对稳定的作用关系,不会有秩序性结构复合体形成，没有可区别的不同声音，没有可分辨的不同形体，整个宇宙浑然一体，单调乏味。

气天然禀赋运动性，气的运动性呈现为正反依存消长互化的对立矛盾统一体，所以体现在时空上，气的运动过程体现为循环往复、周而复始、永不停歇的特征。

气不可再分，天地未成之前，卓然独立，孑然自在。

气弥散宇宙六合八荒，无所不在，聚散离合过程中，分化阴阳，诞生天地，造化万物，所以名之曰"大"。《周易·系辞》称为"大极"，后世称之为"太极"。大者，一言空间分布之广，二言影响之深。

气天然禀赋的运动性，决定了气的时空运行轨迹，决定天地万物的造化方式，决定宇宙的全部演化变迁规律。气的运动性作用意义，神似人的头脑控制、主导人的一切思想行为活动，所以前贤特意起了个拟人化的名字——"道"。

大曰逝①，逝曰远，远曰反。故道大，天大，地大，人亦大。域中有四大，而人居其一焉。

① 逝：去，往，即离开原点的运动。

气在各自道的推动作用下，不断离开原点向远处运动，而向远处运动的气，在位移一定距离后又在道的作用下折返回来。气在这样的"周行而不殆"运动过程中聚合离散，生天生地，育化万物。所以，道不仅是表征体现气存在的基础，更是主导气造化天地万物的动力源泉，其作用之大无所能及。

天地作为道推动气造化的产物，直接肩负着造化自然万物的担当，所以其作用影响同样深远广大。人作为天地造化万物的一员，虽然形体大小微不足道，但因其独特的智慧能动创造性，其思想行为及其影响同样可以穿越时空，无限延展，所以在广袤无垠的宇宙时空中，人的影响作用足以媲美道以及天地。

人法地，地法天，天法道，道法自然。

人的思想行为法则法象于自然界的四季造化法则，自然界的四季造化法则根源于以太阳为核心的天道造化原理，天道造化原理本源于宇宙本原之气禀赋的正反依存消长互化道机，而宇宙本原之气禀赋的正反依存消长互化道机则是天然如此。

【义理】

人类要认知世界的过去、现在与未来，就不得不在宇宙的终极本体问题上做出解释。

在中华文明史上，最早的宇宙本体论是神创世界观。不过大量的传说文献以及文物考古皆显示，这种宇宙本体论早在三皇时期就已经广受质疑。与之针锋相对的，则是唯物论宇宙本体观的不断主流化，伏羲易学就是这种宇宙本体论文化嬗变的结晶。

以《道德经》为代表的道家文化显然彻底地继承了伏羲易学所秉持的唯物论宇宙本体观，并进一步做出了详细的原理阐释，使之更趋完善。本章就是围绕这个哲学根本问题而展开的。

先贤多认为，道是物质与功能的统一体，主要是根据这一章"字之曰道"的内容。同时也认为"强为之名曰大"之"大"是对道的作用特征的描述。但在本书看来，本章"字之曰道"的"道"是言说气的功能属性的，即是指向气的运动性的；而"强为之名曰大"之"大"则是描述宇宙本原之气无所不在，及其作为宇宙万物根本的影响作用。

名和字是中国古代人名文化的一个特有现象。《礼记·檀弓上》说："幼名，冠字。"名是出生不久起的，多用在亲人之间相互称谓，相对比较亲昵随便；字在成年时期起，多用于社会交往活动中，相对比较客气礼貌。如孔颖达《礼记注疏》说："始生三月而始加名，故云幼名；年二十有为父之道，朋友等类不可复呼其名，故冠而加字。"由此可见，字后名先，字附于名，名本字标，这是二者之间的基本关系。

起字主要有两种思路：一种基于个人的生活经历，目的在于描述或诠释与之密切相关的重要事物属性特征。如孔子字"仲尼"，"仲尼"这个字的由来就与孔子的生活经历有关，《史记·孔子世家》说："叔梁纥与颜氏祷于尼丘，得孔子，故名丘，字仲尼"，"仲"指孔子家中排行老二，"尼"为山名，是孔子的孕生之地；起字的第二种思路是解释或补充名的思想内涵，与名相互表里经纬，故字又称"表字"，如屈原名"平"，字"原"，"原"是对"平"的进一步解释。

运动性是气的基本功能属性，气在自身运动性作用下造化天地万物，主导宇宙古今未来，所以《道德经》除给天地万物诞生之前的宇宙混沌之气起了"大"这个名之外，还特意起了"道"这个字。显然，"道"这个字的由来，是遵循起字文化中第一种思路的，目的在于展示强调气的运动性特征。

第二十六章

重为轻根,静为躁君。是以君子终日行不离辎重。虽有荣观,燕处超然。奈何万乘之主,而以身轻天下?轻则失根,躁则失君。

【释义】

重为轻根,静为躁①君②。是以君子终日行不离辎③重。虽有荣观④,燕⑤处超然⑥。奈何万乘⑦之主,而以身轻天下?轻则失根,躁则失君。

① 躁:动。

② 君:主宰。

③ 辎:同"菑",本意指灾害、灾难,这里指忧患意识。

④ 荣观:供人游玩喜乐的华丽楼阁观台。

⑤ 燕,假借为"安",淡定。

⑥ 超然:离尘脱俗,不被事物外在景象迷惑连累心神。

⑦ 万乘:乘,指车子的数量。"万乘"指拥有兵车万辆的大国。

谨小慎微是制约草率轻浮的根本法宝,淡泊宁静是狂躁冲动的最好克星,这是道的正反依存互制关系的必然。所以懂得道的君子,始终充满强烈的危机忧患意识,不草率轻浮,不胡乱妄为,慎重冷静地面对一切事情。即便身处雕栏玉砌、歌舞升平的大观园,仍能超然物外，心平气和，淡然处之，时刻保持高度的警惕。

可为什么那些肩负千家万户老百姓身家性命的君王却总是因为自己的私欲而草率轻浮、胡乱治理天下呢？要知道君王一旦草率轻浮，没有慎重周全的治国思路方法，就会伤及民生根本。急躁妄动就会丧失对国家的主导，民怨沸天而使国家陷入混乱啊！

【义理】

通行本"辎"，帛书甲乙本皆作"䚘"。"辎"指载物的车辆，在句中语义难明。若作"䚘"则可意译为忧患意识，如此前后文意相贯，故本书从帛书甲乙本。

向往一切美好的事物，愉悦身心，保护健康，是人性的必然。但有无相生，祸福相依，这是由道的正反依存制约关系及其消长转化性决定的，宇宙万事万物的发生形成及其演化变迁都离不开这一基本规律的支配。所以懂道的人君总是秉持化反从正的人生原则，居安不忘危，致力于制约人类文明进步发展问题的解决，理性淡定地对待眼前一切的浮华。而无道人君，却总是迷恋于事物外在景象，贪图荣华富贵，失却忧患意识，以一己之私念，搜刮贪占民之膏脂，导致生灵涂炭，社会动荡，战乱频仍，国破家亡。

第二十七章

善行无辙迹。善言无瑕谪。善数不用筹策。善闭无关楗而不可开。善结无绳约而不可解。是以圣人常善救人，故无弃人；常善救物，故无弃物。是谓袭明。故善人者，不善人之师；不善人者，善人之资。不贵其师，不爱其资，虽智大迷，是谓要妙。

【释义】

善行①无辙迹②。

①善行：善，高明，完美，这里指符合道。行，行为，这里指做事的方法。
②辙迹：轨迹，行车时车轮留下的痕迹。

合乎道的做事方法，始终专注于解决制约事物正面属性产生形成的各种负面因素。制约破坏事物正面属性的各种负面因素消除了，事物就会在正面因素的作用下，自然而然地向人们预期的目标稳健前进，所以其中显示不出任何人为刻意引领造作的痕迹。

善言无瑕谪①。

①瑕谪：过失、缺点。

合乎道的律令教化，目的在于消弭化解人性的邪恶贪婪，防止世人剑走偏锋，铤而走险，伤害他人正当利益，破坏社会和谐安宁，阻碍人类文明进步发展，这种问题导向的律令教化自然不会有任何错误之处。

善数不用筹策①。　　①筹策：古时人们用作计算数量的小竹片。

事物的数量有少有多，筹策计数是一对一模式的实数积累计算法，具体计数过程中，受筹策数量的限制，能计量的数目非常有限，所以真正高明的算数方法，必然是超脱类似筹策这样的实数累积计算法，而进入抽象的数理学境界。

善闭无关楗①而不可开。　　①关楗：关门的木闩，横的叫关，竖的叫楗。

启闭开合相互依存、相互转化，所以合乎道的高明闭合方法是化解所有可能致开的风险因素，如果做到这一步，即便没有门闩这样的外在专门关约器具，也无法打开。

善结无绳约①而不可解。　　①绳约：绳索，约，指用绳捆物。

结聚不散的反面是松散无约，所以合道的结聚方法是解决所有可能导致松散不聚的因素，如果做到这一步，即便不用绳索这样的外物捆绑束缚器具，也不会解体。

是以圣人常善救人，故无弃人；
常善救物，故无弃物。是谓袭明。

世俗之人，关注的是官窍的直观感受，对于红尘万象背后的发生形成机制，鲜少去深究。能秉持社会文明生生理念，遵照化反从正来处世做事的人，总是凤毛麟角。

沉迷于事物表象的人，心神很容易沦陷于名利场中不能自拔，而体现在行为上，则是自觉不自觉地通过妨碍，甚至伤害他人利益来满足自己的无限私欲。

而懂道行道、知行合一的圣人，始终秉持共荣共生理念，面对自身能够不断自省自纠，使自己的品格修养日臻道德之美；处世做事始终坚持无私奉献精神，以"处无为之事，行不言之教"为实践格言，为众生的生存发展排忧解难。所以道家圣人总是擅长帮助众生，不会遗弃其中任何一个，这才算得上真正的道德文明传承。

> 故善人者，不善人之师；不善人者，善人之资。不贵其师，不爱其资，虽智大迷，是谓要妙。

懂得大道正反依存互化原理，并能遵照大道原理处世做事修身的人，始终坚持行化反从正的实践路径，因而很少犯错，最终总能实现人生理想；而不懂大道正反依存互化原理，背离化反从正实践路径的人，因为极端功利主义，忽视事物负面制约破坏因素的作用，总是功败垂成，抱憾终身。

所以，善于持守化反从正道机原理行事的人是背离化反从正道机原理行事人的老师；背离化反从正道机原理行事的人所造的孽果，给善于持守化反从正道机原理行事人不断警示，提醒鞭策其始终如一持守化反从正道机原理。生活之中，如果轻慢老师，忽视警示，即便天赋很出众，也会陷入人生危局困惑之中，这就是人生失败与成功结果差别的要妙所在。

【义理】

"善人""不善人",前贤多作善良、不善良解,这种解释似乎过于肤浅,作按道行事、不按道行事解,更合本章及全书宗旨。

世间任何事物都是多种对立矛盾属性的统一体,把握住这一点,是安全立足这个世界的前提基础。在此基础上,当秉持与万物同气连枝的生生之道原则,不断化解制约事物正面发生形成的各种负面因素,使事物总是能够按照人类的预期与设想的方向顺利发展,这样才是人生处世行事的最高境界。因为持守这样的人生态度,不仅可以修己保身,实现自身理想,而且还可以惠及社会、普度众生。

第二十八章

知其雄，守其雌，为天下溪。为天下溪，常德不离，复归于婴儿。知其白，守其辱，为天下谷。为天下谷，常德乃足，复归于朴。朴散则为器，圣人用之，则为官长。故大制不割。

【释义】

知其雄①，守其雌②，为天下溪③。为天下溪，常德不离④，复归于婴儿。

①雄：强大，为世人所向往，这里指事物的美好属性。

②雌：柔弱，为世人所厌恶，这里指事物丑恶的属性。

③溪：会意字，从"水"，从"奚"，"奚"亦声。"奚"意为世世代代。"水"与"奚"联合起来表示"世世代代流淌的水"。本义指一向就有、不知源自何时的无名水流，本文指事物永恒的法则规律。

④不离：不违背事物大道原则，这是做事成功的基本原则。

认识界定了事物的丑恶属性，就等于同时确立了事物美好属性的认知观念。同样，化解了事物丑恶属性，就等于张扬了事物美好属性。因为事物属性，都具有二元对立矛盾依存关系，界定或者化解对立矛盾中的一方属性，等于同时确立或者张扬对立矛盾中的另一方属性。

道家认为，通过界定化解事物的丑恶属性，以确立张扬事物的美好属性，这样的认知实践路径，世人都应该遵循奉行。因为只有遵循奉行这样的认知实践路径，其思想和行为才不会背离基本的道德原则。

坚持从反求正的认知实践原则，一方面意味着事物丑恶之性的不断发现、不断化解，另一方面，也同时意味着事物美好之性的不断发现、不断成长。这样的认知实践结果，能使得事物的美好属性，如同初生婴儿那样，始终保持着蓬勃旺盛的生机。

知其白①，守其辱①，为天下谷。为天下谷，常德乃足，复归于朴。	①白、辱：白，纯洁，明亮，无污染。辱，污浊，黑暗，不干净。本文引申其意，"白"代指事情正面美好属性的发生形成之道；"辱"代指事物反面丑恶属性的发生形成之道。

认知化解事物的反面丑恶属性，确立张扬事物的正面美好属性，是推动人类文明进步发展的基本途径。深究道家这种哲学观念的思想逻辑根源，在于事物发生形成之道正反对立矛盾属性的依存消长转化规律理论。

所以，认识界定了事物丑恶属性的发生形成之道，就等于同时确立了事物美好属性的发生形成之道的认知观念。同样，化解了事物丑恶属性的发生形成之道，就等于张扬了事物美好属性的发生形成之道。

人的认知实践只有遵循奉行事物发生形成之道时，才算真正抓住了其根本。而抓住了道这个事物的根本，人的知行才能完全契合道德境界，使得事物按照至简至真的本性规律发生形成。

朴散则为器，圣人用之，则为官①长②。故大制不割。

①官：管理，治理。
②长：最高、最大，本文引申为根本。

未经修饰的木材，分解开来被制成各种不同形态功能特征的器具。各种不同形态功能的器具皆源于自然天成的原木，各禀赋自然天成原木形质功能之一端。如果将所有的器具再合而为一，则又凑成自然原木的完整本体，所以，未经修饰的朴木为百器之长。

同样，以正反依存互化为基本特征的道是宇宙本原之气禀赋的基本功能，它是天然的、不可改变的、永恒存在的、始终如一的。这种自然天成的道，落实在具体的造物过程中，就体现为各具特征的理，而宇宙间万事万物的理性合而为一，就是自然天成亘古不变的道。

拥有了天然原木，等于具备了制造各种器具的前提，同理，懂得了宇宙本原之气禀赋的道性，等于打下了理解认知宇宙万物发生形成及其演化变迁规律的原理基础。所以，道家圣人无论是认识天地自然，还是治理国家社会，始终在道这个决定万事万物的根本上做功夫，而不是在变幻莫测的事物外在具象上花心思。

宇宙间事物千变万化，无始无终，如果只是钟情于认识把握各种具体事物，那么以人类有限的生命、有限的技术，永远都不可能穷尽整个宇宙。"会当凌绝顶，一览众山小"，如果能从万物发生形成及其演化变迁的根本道机原理入手，则能执简驭繁，原始反终，科学准确地认知事物的过去、现在与未来。

所以，认知的最高境界，是把天地万物作为一个整体，格物致知，探微索隐，穷理尽性，彰明道机，从而构建一个系统的、从根本上解决所有问题的知识体系，而不是把天地万物分割成各种不同的微小单元，试图从这些形而下的具象事物层面建立一个庞杂无穷的知识体系。

【义理】

通行本"知其白"与"守其辱"之间有"守其黑，为天下式，为天下式,常德不忒,复归于无极。知其荣"一段,今按诸多前贤之说删去。

本章强调了三点:一是强调从形而下角度辨别美善、扬弃丑恶属性是人类正确处世的前提基础。二是强调从形而上角度辨别美善、扬弃丑恶的发生形成之道是人类正确处世的最高境界。三是强调化反从正实践路径是成功学的思想行为准则。

第二十九章

将欲取天下而为之,吾见其不得已。天下神器,不可为也,不可执也。为者败之,执者失之。是以圣人无为,故无败;无执,故无失。故物或行或随,或嘘或吹,或强或羸,或培或隳。是以圣人去甚,去奢,去泰。

【释义】

将欲取①天下而为之,吾见其不得已②。天下③神器④,不可为也,不可执也。为者败之,执者失之。是以圣人无为,故无败;无执,故无失。

①取:《说文解字》:"取,捕取也",本文引申为违背老百姓的意愿,用强暴的手段占有统治天下。

②不得已:达不到、得不到。

③天下:指天下人。

④神器:神,会意字,从示从申,"申"是天空中闪电形,古人以为闪电变化莫测,威力无穷,故称为神。神器,即玄妙难测的器具,本文指民心。

统治者想以强暴手段去征服天下老百姓,使其顺从自己的统治,为自己的私欲服务,估计是不可能真正得逞的。因为民心玄妙难测,他们不但有各自复杂的生活知识经历及思想观念,而且每个人都希望按照自己对这个世界的理解认知生活，没有人愿意受别人主观意愿的摆布。

那种蛮横干涉天下人思想行为及其感情世界的做法注定不被世人接受，也是行不通的。试图进一步把天下人玩弄于股掌之间的想法更不可能行得通。如果执意而为，那么最终避免不了失败，甚至会引发天下人的反抗，导致身死国灭。

而道家圣人始终基于道的正反依从互化原理，专注于化解世人不欲之事物，助力老百姓完成所欲之事物，从而赢得天下人的崇敬与爱戴，使其在不知不觉中，自然而然地成为世人心目中的圣王。

不试图以强暴手段去征服天下人，更不会强迫天下人为一己之私服务，自然就不会引起天下人的厌恶和反感；不试图玩弄天下人于股掌之间，不损害天下人的利益，就不会遭到天下人的反抗，自然就不会有身死国灭的风险。

故物或行或随，或歔①或吹，或强或羸②，或培③或隳④。是以圣人去甚，去奢，去泰⑤。

①歔：形声字，从"口"，"虚"声，本义指缓缓吐气。
②羸：羸弱、虚弱。
③培：形声字，从"土"，从"咅"（pǒu），本义指给植物或墙堤等的根基垒土，引申为育养。
④隳：毁坏；
⑤泰：安闲。

万物禀赋各异，世事风云变幻，人性复杂多样，这是天地自然界的常态。人类文明发展按照道德要求，则有的事物因为重要迫切，需要尽早化解；有的事物相对轻缓，可以适当延后解决。有的事物需要用轻柔缓和的方式来处理，有的事物需要用刚猛迅疾的方式来处理；有的事物需要强大，有的事物需要柔弱；有的事物应该不断培育，有的事物需要不断削弱。

所以，圣人无常法，总是始终脚踏实地，根据道德要求，因物、因事、因人、因时、因地，灵活地应对世间万事万物，从来都不持僵化一成不变的执念，反对不切实际、不合道德的愿望，也不消极怠惰地任凭事物自我发展。

【义理】

人性各异，但有一点是共通的，就是保持身体健康，崇尚精神自由，向往美好生活。统治者的天职就是如何满足世人这些普遍共同的基本人性需求。基于这种观念，道家在这里给统治者提出了两方面的为政准则：

一是坚持民主与为人民服务的理念，切忌强暴人民的意志，否则适得其反。二是因物、因事、因人、因时、因地的灵活合宜原则，兼顾天地人时以及世间万事万物的复杂多变，切忌冥顽不灵、食古不化、胶柱鼓瑟、千篇一律。

第三十章

以道佐人主者，不以兵强天下，其事好还。师之所处，荆棘生焉；大军之后，必有凶年。善，有果而已，不以取强。果而勿矜，果而勿伐，果而勿骄，果而不得已。果而勿强，物壮则老，是谓不道，不道早已。

【释义】

以道佐①人主者，不以兵强天下，其事好还②。师③之所处，荆棘生焉；大军之后，必有凶年。

①佐：辅助，帮助。
②还：返回，这里引申为报应、报复。
③师：军队。

秉持道德原则辅佐君王的贤臣，不会轻易鼓吹以军事暴力手段强迫天下老百姓顺从其统治。因为崇尚以军事暴力手段强迫天下老百姓顺从并服务统治者，是极度功利主义思想的治世方式，本质上是以伤害天下老百姓的利益根本为代价的。战争的直接结果，就是田园荒芜、荆棘丛生、饥荒肆虐、民不聊生。

违背了天下民心归顺的前提条件，会导致民怨日积，在一定条件下就会像火山一样爆发，摧枯拉朽，颠覆这种违反道德精神的统治。只有俯首甘为孺子牛，一心专注于化解制约老百姓身心生活水平不断提高的负面因素，安做民心民意铺路石子的施政方式，才能真正赢得天下老百姓的崇敬与爱戴。

善①，有果而已②，不以取强。果而勿矜，果而勿伐，果而勿骄，果而不得已。

①善：会意字，从"羊"，从"言"，羊角内弯，所以彼此打架不会杀死对方，本文发挥其意，指两军对垒时，也应该心存对生命的敬畏，尽可能避免草菅人命。
②已：结束，停下来。

道家反对战争，但有些时候，战争又是不可避免的。当真的需要通过军事暴力手段解决问题时，道家认为也应该秉持善念，少杀人，少欺凌，少破坏，达到惩罚邪恶的目的就及时收手，而不是自恃兵强马壮，贪功进取，肆意征战，强霸天下。更不能因为取得了战争的胜利而自大自狂、自吹自擂、骄横跋扈。

因为面对残酷的自然环境，人们只有相互扶持、相互帮助、同心协力，才能共济时艰，创造更美好的生活。君王从根本上看，正是顺应这一人类根本的利益诉求而出现的。所以，一位伟大的君王必然心系天下百姓，始终以慈悲济世为怀。而通过战争手段、通过喋血生命来解决问题，总是下下之策，是不得已的手段。

果而勿强，物壮则老，
是谓不道，不道早已。

不要迷信武力能够解决一切问题，不要崇尚通过战争得到天下，不要痴迷通过掠夺方式壮大国家。因为任何性质的武斗必然都会因为性命的伤残、社会秩序的紊乱，乃至社会生产力，以及自然环境等的破坏，造成民心积怨。那些师出无名、非正义的战争所造成的民怨更加深沉可怕。

任何不符合人类文明进步发展道德精神的统治方式最终必然会被人民大众所抛弃。枉顾民生的战争，只会造成民怨的加速积累，而当这种积累达到一定程度时，必然会像火山一样爆发，惊天动地，汇成滔滔洪流，摧垮自恃强大、不可一世的好战政府，让其统治加速走向衰亡。

【义理】

　　根据道的正反互依互化原理,任何事物当其一端属性壮大强盛至极时,必然意味着形成推动这种属性发展的动能业已枯竭,而与之相伴随的另一方对立矛盾属性的产生形成动能则积累到无比强大,由此形成物极必反的机制,此后事物属性发展演变出现逆转,朝与之前彻底相反的方向进展。

　　试图以铁血手段简单粗暴征服世界的做法,完全漠视民意,忽视民生,枉顾制约文明进步发展根本,虽然短时期看,似乎踏着一条扩疆拓土、走向强盛的无与伦比的快捷之径,但实际上,与此同时伴随的深层次潜在的趋向败亡的隐患则如雨后春笋蜂拥而至。因为这种强盛根本上缺乏生生之道的培育与养护,没有毁灭之道的化解与清除,最终结果必然事与愿违,国家不但不能持续繁荣富强,而且必然加速走向衰微灭亡。人类数千年历史不断证明这一观点。

第三十一章

夫兵者，不祥之器，物或恶之，故有道者不处。君子居则贵左，用兵则贵右。兵者，不祥之器，非君子之器。不得已而用之，恬淡为上，胜而不美。而美之者，是乐杀人。夫乐杀人者，则不可得志于天下矣。吉事尚左，凶事尚右。偏将军居左，上将军居右，言以丧礼处之。杀人之众，以悲哀泣之，战胜以丧礼处之。

【释义】

夫兵者，不祥之器，物或恶之，故有道者不处。
君子居则贵左，用兵则贵右。

兵器是专事杀伐的工具，于生命万物而言，当然是不祥之物，惧怕厌恶是其本能反应。对于秉持道德精神的人来说，轻率地使用兵器，以伤害性命手段去征服他人，成就事业，不仅不合化反从正的大道实践路径，更有违其文明哲学信仰，所以不会轻易主张动用兵革。

人君面南坐北为正，左为东，为阳气升发之道，阳主生；右为西，为阴气生发之道，阴主杀。故此，根据天人相应观念，秉持道德精神的君子日常生活总是以左为贵，以表示其对生命的敬重，以及对人类文明进步发展的崇尚与追求。除非迫不得已，置身战争环境中，才会入舍右道，思虑杀伐，启用兵革，应对邪恶。

兵者，不祥之器，非君子之器。
不得已而用之，恬淡为上，胜而不美。
而美之者，是乐杀人。
夫乐杀人者，则不可得志于天下矣。

  兵器是充满戾气的东西，不是道德君子的天然所爱。但是，由于人性的趋利本能，社会上总会有一部分人，为了一己之私，不顾伤害他人利益，乃至生命。他们自视聪明过人，藐视道的正反互依互化原理，不择手段，企图以最快的方式来满足自身欲望，所以唯武是尚，随意用兵，大杀四方。

  一旦生逢这种时代，甚或不幸遭遇这样的侵凌时，道德君子为自身正当权益，为天下百姓生计，为人类文明永续，不得不拿起武器来自卫反击，征讨邪恶。但以兵革处事，无论如何都意味着一个个鲜活生命的消亡，无疑违背生生共荣的基本价值观。所以战争是解决问题不得已的下下之策，即便胜利了，成功了，也应该保持一颗悲天悯人之心，不因此而骤生贪念与野心，更不应以杀人伤命为荣耀。

  如果认为战争是光荣的，而战争的胜利更是值得引以为豪的美事，那就说明是以杀人为乐。以杀人为乐者，必然会滥杀无辜，而滥杀无辜者，最终是不可能得天下民心的。失民心者失天下，没有民心的归向，没有大众的支持，怎么可能真正成为天下人所共戴的圣王，成就欣欣向荣的事业？

吉事尚左，凶事尚右。
偏将军居左，上将军居右，言以丧礼处之。
杀人之众，以悲哀泣之，战胜以丧礼处之。

  办理吉庆祥和的事情，以左侧为贵，因为左侧为阳气生发之径，具有生生不息之机，寓意万物共荣共生，喜庆祥和；而办理丧葬凶悲之事，以右为贵，因为右侧为阴气敛降之途，具有肃杀毁灭之机，寓意万物相残，悲戚伤心。

所以秉持共荣共生理念的君子，在面对因战争而死亡者的葬礼时，无论是己方的人，还是敌方的人，总是执以最沉重的哀伤之礼：作为一军之帅的上将军亲临葬礼祭祀的右首位，其他偏将依次列于其左，其心如失至亲之悲伤，其礼如行至亲之丧葬。

【义理】

　　战争的直接后果是生灵涂炭，这样的结果，显然违背人类共生共荣理念，所以不到万不得已，圣贤君子是不会主张以战争手段解决国家社会纷争的。

　　如果最终万不得已，用战争手段解决问题，也要尽一切可能减少人员伤亡，这不仅是对己方，对敌对一方的人马也应该以迫使其放下武器投降为最高原则，而不是赶尽杀绝。即便如此，战争过程中的伤亡仍然是不可避免的，对于这些不幸的战死者，不只是己方的将士，即便是敌方的将士，也应该以最庄严的丧礼之心送别他们。

第三十二章

道常无名，朴，虽小，天下莫能臣。侯王若能守之，万物将自宾。天地相合，以降甘露，民莫之令而自均。始制有名，名亦既有，夫亦将知止，知止可以不殆。譬道之在天下，犹川谷之于江海。

【释义】

道常无名，朴，虽小，天下莫能臣。
侯王若能守之，万物将自宾。
天地相合，以降甘露，民莫之令而自均。

道属于气的功能属性，不可直观感触，无形象特征可描述。气禀赋的道性是天然不可变的。所以，道不仅不可直接描述其名状，而且始终如同未加修饰的朴木一般自然，虽然幽隐不显，渺小若无，但是这个世界上，没有任何事物可以臣服它，让其按照其他外在的主观意愿去改变自身天然性状。

统治者只有顺应道的天然属性规律，按照道德原理去治理天下，那么万物才会自动归顺。这就像天地一样，既没有谁刻意命令或引导，又没有先入为主的自身意志选择，只是各自按照自身禀赋的天然道性，使阴阳二气相合制化，形成雨露甘霖，恩泽四方，哺育万物，结果反而得到自然界万物广泛的敬仰与爱戴。

始制有名，名亦既有，夫亦将知止，知止可以不殆。
譬道之在天下，犹川谷之于江海。

"无名，天地之始"，天地诞生之前，宇宙只是一团混沌无序的本原之气，气与气之间毫无差别，气的道性也千篇一律。显然，这个时期，这样的气，这样的道，实际上没有命名的必要。

因为名称是基于区分事物差异观念而建立的范畴，当整个宇宙空间中，只有一种完全相同的东西时，名称就失去存在的意义，所以天地诞生之前，气与道是无其他特别名称的。

"有名，万物之母"，当同一无序的宇宙本原之气在运动过程中，相互之间形成各种特征性的稳定结构关系时，意味着不同作用形式的复合之道形成，不同性质的气的聚合体出现，也意味着新一轮天地万物的造化正式开始了。

不同特征的气聚合体，以及相应的内在复合之道，相互之间无疑是有区别的，有区别就需要对各自作出特征性的描述定义，这是站在客体角度正确认识事物的必然要求，名称的概念由此产生了。

所以当天地万物开始造化形成时，意味着不同属性特征的具象事物出现了，意味着不同复合形式的道形成了，名称也应运而生。

"朴散而为器"，器有万千之别；"万物各异理而道尽"，道落实在不同的天地万物之器就是理，理因器之不同组合而各异其性。不同事物，因其内在发生形成机理不同，自有其独特的演化规律与路径。

顺之者昌，逆之者亡，这是由事物本身发生形成之道所决定的，如果人们认识并懂得了事物相应的道理及其由此主导的发生形成和演化规律，那么就可以知晓如何有效利用这种事物造福人类社会，而不至于胡乱作为，导致事与愿违，甚至造成灾难。

所以，懂得宇宙大道，知晓万物原理，通达世故人情曲折，自觉按照道德原理行事，对于治理天下来说，其作用就像导引水流的川谷，在汇江成河、归于大海过程中自然泽被苍生，而不四溢泛滥，祸殃四方。

【义理】

　　道虽然不可现象，无法捉摸，但是它却主导着宇宙万象的一切演化过程，所以人类要认识宇宙万物，利用宇宙万物造福自身，就不得不了解它，并顺从它。

　　由于道是气天然禀赋的运动性，其机转原理素来如此，所以道正反二性的盛衰消长变化是自然而然的，其中无思无为，也不会随外物意志而改变。人类只有顺应它，按照它的原理规律处事，才能顺利达到预期的目的。

　　作为一国之主，不仅要认识道，更要按照道的原理来施政治国，如果真的做到了这一点，那么不仅可以实现国泰民安的治世目的，而且还能吸引更多的百姓归顺。

第三十三章

知人者智，自知者明。胜人者有力，自胜者强。知足者富。强行者有志。不失其所者久。死而不亡者寿。

【释义】

知人者智，自知者明。胜人者有力，自胜者强。
知足者富。强行者有志。不失其所者久。死而不亡者寿。

能透识别人的优缺好坏，算有智慧；而能透识自己的优缺好坏，才算明白通达。能战胜别人，算有力量；而能战胜自己缺点的人，才是真正的强大。知道满足的人，就是富有幸福的人。不畏艰难，持之以恒做事的人，是谓有大志。思想行为始终不离道的人，才能建立持久的事业。而一个人的肉身死了之后，其思想精神仍然被世人广泛传承应用者，才叫长生。

【义理】

儒家讲"吾日三省吾身"，又说"修身，齐家，治国，平天下"，将修身作为处世的第一要务。这一点道家同样坚持，认为人生之中，"自知""自胜"，比"知人""胜人"更重要，"自知""自胜"是活出理想人生的基石。

但在价值追求上，儒道泾渭分明，儒家强调不断进取，发挥正能量，创造看得见摸得着的功绩，而道家强调淡然面对眼前名利，遵守化反从正的实践路径，力图通过化解事物负面属性求得其长远的发展。

第三十四章

大道泛兮，其可左右。万物恃之以生而不辞，功成而不有。衣养万物而不为主，可名于小。万物归焉而不为主，可名为大。以其终不自为大，故能成其大。

【释义】

大道泛兮，其可左右①。　　①左右：这里的"左""右"，是指事物对立矛盾的两个演化方向。

大道依气而存，所以无物不有、无所不在。道是正反对立矛盾力量统一体，二者此消彼长、此长彼消，循环往复，事物的属性总是沿着主导力量的一方不断演化，所以事物演化如果不受外界力量影响，必然也是循环往复，一段时间向"左"，一段时间向"右"。

万物恃之以生而不辞①，　　①辞：言说。
功成而不有②。　　　　　　②有：体现出来。

万物都在道的作用下产生，但道从来都默默无闻，不自我标榜、自我宣扬、自我吹嘘在其中所发挥的作用，最后事物成功了，道也不会显摆自己所起到的功劳。

衣养万物而不为主，可名于小。
万物归焉而不为主，可名为大。
以其终不自为大，故能成其大。

  圣人效法道的生生原理，不断化解制约人类文明进步发展生生之机的负面因素，为人类文明进步发展创造各种有利条件，却从来都不以自己的意愿主宰他们的生活，所以世人都觉得他们完全是按照自己的意愿生活的，感觉不到圣人的存在，从这个角度看，圣人无疑是渺小，甚至是微末不显的。

  圣人为人类文明的进步发展排除万难，保驾护航，世人感念他，所以都心悦诚服地归顺圣人。即便如此，圣人仍然不会把自己的意愿强加于他们，让世人继续按照自己意愿生存发展。不强迫世人，却能让世人心甘情愿地顶礼膜拜，这才算得上至高境界的大治。

  圣人治国之所以能够让万民来朝，是因为圣人从来都不把自己置于高高在上的位置，从来都不强迫人们按照自己的意愿生存发展，只是自始至终甘做人类文明进步发展的阶梯，结果反而得到世人发自内心的崇敬，成就了伟大的治世愿望，建立了彪炳史册的功勋。

【义理】

  道依气而存，所以有气就有道。万物因道而生化，但是道从来都不占有它所生化的任何物体，也不会临时起意，随性改变事物。万物凭道而生，顺性发展，率真质朴，坦然安宁，尽终天年。在道家看来，万物的这种生存方式是最合适的，也最具生命意义，宇宙之所以能够生生不息，无始无终，永恒存在，也全赖于此。所以治国亦当始终持守这种理想境界。

第三十五章

执大象,天下往。往而不害,安平泰。乐与饵,过客止。道之出口,淡乎其无味,视之不足见,听之不足闻,用之不足既。

【释义】

执大①象,天下往。往而不害,安平泰。

①大:与"道大、天大、地大、人亦大,宇中有四大,人居其一"之"大"同义,指影响广泛深远,这里指天地人的根本生存之道。

秉持天地人的根本生存之道,以共生光荣的人文社会道德理念为宗旨,化解制约破坏社会文明和谐发展的负面因素,为实现民主、民生、民有、民享境界的社会不断创造有利条件。执守住这样的治世原则,天下人会不招自来,不强自顺,不教自化,形成一个外有阶级压迫剥削、团结互助、文明和谐、安居乐业的社会。

乐与饵,过客止。道之出口,淡乎其无味,视之不足见,听之不足闻,用之不足既①。

①既:会意字,从"皀"(jí),从"旡"(jì),"皀"象食器,"旡"象人口背向食器,会意人跪坐食器前,吃饱后,转头不看食具之意。本义是食毕,引申为完成、结束、消亡。

乐曲以其优美动听的音律让人流连忘返，美食以其诱人的色香使过路的客人驻足。然而，道只能用言语抽象表述，口鼻无法感知其味道，可谓平淡至极；眼睛看不见其色相，因为其无形体之状；耳朵听不见其音，因为其本无声；用之不尽，因为其永恒存在，永不消亡。

【义理】

和世间形质万物相比，道没有天籁般的声音，没有沁人心脾的味道，没有令人神魂颠倒的色彩，但其作用却无穷无尽。

世上万事万物皆因道而生，人类文明也有其独特的生生之道。所以治国理政，唯有执守人类文明进步发展的根本道机原理，才能让天下人归往。

第三十六章

将欲歙之，必固张之；将欲弱之，必固强之；将欲废之，必固兴之；将欲取之，必固与之。是谓微明。柔弱胜刚强。鱼不可脱于渊，国之利器不可以示人。

【释义】

将欲歙①之②，必固③张之；将欲弱之，必固强之；将欲废之，必固兴之；将欲取之，必固与之。是谓微④明。

① 歙：敛，合。
② 之：指事物。下同。
③ 固：形声字，从"囗"（wéi），《说文解字》："固，四塞也"，禁锢，引申为破除。
④ 微：幽隐，这里指事物的根本。

要想敛藏某一事物，最好的方法是先禁锢或破除其张扬之道；想要削弱某一事物，最好的方法是先禁锢或破除刚强之道；要想废除某一事物，最好的方法是先禁锢或破除其生发成长之道；要想取得某一事物，最好的方法是先禁锢或破除其亡失之道。只有这样的为事方式，才算明白了道这个主导事物演化的机制根本。

柔弱胜刚强。鱼不可脱于渊，国之利器不可以示人。

柔弱意味着事物生生之机旺盛，毁亡之能尚弱，未来仍然有广阔的成长发展空间；刚强意味着事物生生之机将竭，毁亡之能盛炽，已经走到了成长发展的尽头，达到了强盛的巅峰。

守住事物的生生不息之机，化解事物的毁亡之能，事物自然会不断强大。枉顾毁亡之能，一味追求生生之机，最终会因为毁亡之能的强大而使事物走向衰灭。所以持守柔弱之道的事物，最终必然能够战胜持守刚强之道的事物。因为这样的处事方式能够使事物始终保持旺盛的生机，不断成长下去。

鱼脱离渊水到陆地上无法生存，因为这违背了鱼的自然生存之道。治国理政同样不能脱离人类文明的生生之道，否则国将不国、君将不君。体现在实践观念上，就是必须始终坚守柔弱之道，永远不要自以为国家已经足够强大而自我陶醉，更不要随便炫耀那些自以为可以标示国家无比强盛的东西。

因为一旦统治者以目前的强大而自满时，意味着这种强大已经到极致了，意味着已经没有任何可以继续促进国家强盛的动能。这种情况下，一直潜藏且不断积累的各种负面动能必然开始发挥其主导作用，从而使国家由盛转衰，走向败亡的道路。

【义理】

道的正反依存互化性，决定了宏观万事万物在各个属性层面上都潜藏着相应的对立矛盾特征。歙张互根，强弱对立，废举互制，取与矛盾，这是千古不易的自然之理。

所以，要想得到某种事物，或某种事物的属性，首先需要禁锢或破除其对立面的事物，或事物属性，以便人们期望得到的事物或事物属性能够顺利成长起来。正是基于这一认识，《道德经》强调为人处世以及治国理政始终要持守柔弱不足心态，且不可自我张狂、锋芒毕露。而在实践中，始终要走化反从正的路径。

第三十七章

道常无为而无不为。侯王若能守之,万物将自化。化而欲作,吾将镇之以无名之朴。镇之以无名之朴,夫亦将不欲。不欲以静,天下将自正。

【释义】

道常无为而无不为。
侯王若能守之,万物将自化。

万物生灭存亡之变无一不由道主导。但道是无意识、无感情的,自始至终按照自身的自然本能发挥其造化或毁灭万物的作用,而不是意志感情目的的有心作为,即所谓"道法自然"。

天人合一,天人一理。"孔德之容,惟道是从",统治一方的侯王,如果要按照道的原理为政治国,那么就不能以自身的主观意志干涉老百姓的生活,干涉社会文明的演变发展。而是基于服务人类社会文明进步发展的目的,让天地自然万物按照自身生灭存亡之道的原理自我化育、自我发展、自我灭亡。

化而欲①作，吾将镇之以无名②之朴③。镇之以无名之朴，夫④亦将不欲。不欲以静，天下将自正。

①欲：损人利己的贪念及其行为。
②无名：名，名称，感知描述定义事物属性特征。无名，与"有名"相对，指不可感知描述定义的事物，这里指被损人利己的私心贪念及其行为所蒙蔽掩盖的以共荣共生为宗旨的无私奉献精神。
③朴：天然生长而成，后天未加修饰的树木。这里指事物自然本能的道性。
④夫：所有的，大家，相当于"凡"，如《书·召诰》："夫知保抱携持厥妇子"。

"道大、天大、地大、人亦大，宇中有四大，而人居其一"，人之所以在自然界万物中鹤立鸡群，能与道以及天地并列尊为"大"，根本原因在于人具有对客体宇宙万象的认知记忆能力，以及带有主观感情意志的能动创造力，能够对客体世界产生不同程度、不同性质的影响。

追求幸福快乐是人的天性。而个人的幸福快乐只能在和谐安宁、共生共荣的社会环境中实现。所以，站在人的整个生命时空长河中看，可持续的幸福快乐，必然是以整个社会群体长期的共同幸福快乐为基础，而不是以损害他人幸福及牺牲未来幸福为代价追求眼下的快感。

但现实中，由于人性的贪婪与急功近利的心理，很多人只是一味追求个体与当下的幸福快乐感，由此导致损人利己思想行为的不断滋生与蔓延，妨碍甚至破坏社会文明的和谐发展。这时候，需要当权者以无私奉献、共荣共生的精神理念教化、消解世人心中的自私贪念与急功近利行为，避免社会矛盾的形成与爆发。化解了以损害牺牲他人生存利益为代价的欲念作为，人们就不会产生贪欲和非分之心了，天下便自然而然稳定安宁了。

【义理】

　　人性都有自私贪婪的一面，这是生存的本能。一旦这种自私贪婪占据意识行为的主导时，就必然会做出损害他人生存利益的事情，结果造成社会的不和谐，最后也必然伤害到自身的生存。

　　所以统治者治国理政，重要的任务就是不断消弭化解世人这种自私贪婪之念、损人不利己之事。具体方法就是秉持天下共荣共生的道德精神，引导世人理性面对利益的诱惑。教化世人遵从化反从正的思想行为方式，在无私奉献社会过程中追求自我幸福快乐的实现。

第三十八章

上德不德，是以有德；下德不失德，是以无德。上德无为而无以为；下德无为而有以为。上仁为之而无以为。上义为之而有以为。上礼为之而莫之应，则攘臂而扔之。故失道而后德，失德而后仁，失仁而后义，失义而后礼。夫礼者，忠信之薄，而乱之首。前识者，道之华，而愚之始。是以大丈夫处其厚，不居其薄；处其实，不居其华。故去彼取此。

【释义】

上德不德，是以有德；
下德不失德，是以无德。

　　德是人文范畴的概念。"孔德之容，惟道是从"，"道生之，德畜之，物形之，势成之"，德的本质是道落实在人思想行为中的具体体现，所以德的形而上就是道，形而下就是践行道的思想行为。
　　德的根本目的在于畜养人类文明进步发展的生生之机。所以最高境界的德，以有利于人类文明进步发展为宗旨，思想行为始终持守道这个德性的灵魂，而不计较思想行为是否合乎世俗的道德形式规范。
　　不懂德性大道真谛的人，只是一味僵化地追求效法世俗之德的外在形式规范。但实际生活中，由于不懂相应形而上的理论逻辑原理，很难真正达到德性境界，结果反而制约了人类社会文明的进步发展，所以成为失德之象。

上德无为①而无以为②；
下德无为而有以为③。

①无为：没有先入为主的主观观念。

②无以为：倒装句，以"无"为，在"无"处做功夫，"无"意即不显，引申为人们不需要的事物属性。

③有以为：倒装句，以"有"为，在"有"处做功夫，"有"意即显现在外，引申为人们所需要的事物属性。

"圣人不仁，以万物为刍狗"，真正具有圣德的"上德"之人，从不把自己的主观感情意志强加给万物，而是因随万物的自我演化规律，在制约人类文明和谐进步发展的反面属性处做化解功夫，其实质是化解负能量。

而次一层的"下德"之人，虽然不以自己主观感情意志来治国，也能做到顺应民意，促进人类文明和谐的进步发展，但在具体实践中，却忽视负能量的反作用，责之于正能量的发挥，这实际上就是儒家圣人的境界。短期看，这种治国方式也确实能够促进人类文明的进步发展，甚至比秉持"上德"精神者更有效果，但长期看，由于负能量的不断积累及其破坏能力的不断增强，导致人类文明进步发展能力的日渐衰微，直至发生逆转倒退。

上仁为之而无以为。

仁者爱人，仁者是以"老吾老以及人之老，幼吾幼以及人之幼"的心态去爱护人，仁者的这种处世态度是以其主观意志选择为基础的，所以是有目的、有感情好恶的。上等之仁，虽然已经有主观感情好恶的主观选择，但在具体行事方式上，仍然秉持化解负能量的原则。

上义①为之而有以为。

①义：谓公正而应当做的天下合宜之理。

秉持义来做事的人，其感情意志指向比仁更明确，也更强烈。上义之人，全凭自己的是非判断来做事，认为凡是合理的、正确的，就一往无前地去做；凡不合理、不正确的事坚决地反对，这是一种具有鲜明主观目的选择的思想行为方式。在具体处事方式上，上义者不关注制约社会文明进步发展的负面因素，而是积极倡导所谓正能量作用，这也是儒家道德准则之一。

上礼①为之而莫之应，则攘臂而扔②之。

①礼：《太公六韬》说："礼者，理之粉泽"，《曲礼》说："道德仁义，非礼不成；教训正俗，非礼不备；分争辩讼，非礼不决；君臣、上下、父子、兄弟，非礼不定；宦学事师，非礼不亲；班朝治军，莅官行法，非礼威严不行；祷祠祭祀，供给鬼神，非礼不诚不庄。是以君子恭敬、撙节、退让以明礼。"礼的本质是形而下的道德行为规范。

②扔：形声字，从"手"，"乃"声。甲骨文字形，像以手牵引或投掷东西的样子，本义指牵引，拉。本文引申为强迫压制。

以礼为处事世最高境界的人，崇尚礼仪教化人心的作用，试图以礼节来约束人的心性行为，这当然是一种具有强烈企图心的主观感情意志思想行为。

试图以礼节这种形而下的行为规范来约束人的不良心性行为，目的虽然是维护社会的和谐发展。但是，这种失去道德原理教化的单纯思想行为规范，由于没有深层次的逻辑说明，使得受众很难心平气和地接受，更遑论严格遵照执行。

因此，单纯地以繁文缛节的礼仪规范来教化人，呼应而行者更加凤毛麟角，嘲笑反感者不在少数，为此，当权者只能"伸出胳膊"，去强迫人们执行，如若还不从，就只好用暴力手段去惩戒，因此，法律规范及军警等组织就产生了。

故失道而后德，失德而后仁，失仁而后义，失义而后礼。夫礼者，忠信之薄，而乱之首。

远离了"道"的真谛，而后才有形式之"德"的倡导；失去了形式之"德"，而后才有"仁"性的倡导；疏远了"仁"性，而后才有"义"理的倡导；漠视了"义"理，而后才有"礼"节的倡导。

以"礼"节为最高境界的人性教化，由于没有任何深层次逻辑上的所以然解释，受众很难信任，当然，更难于忠诚地接受这种针对思想行为的约束。所以当"礼"盛天下之时，也就意味着整个社会陷入欺诈氛围，祸乱之变由此开始不断酝酿。

前识①者，道之华，而愚之始。是以大丈夫处其厚②，不居其薄③；处其实④，不居其华⑤。故去彼⑥取此⑦。

①前识：前，先也；前识，先入为主的观念，脱离道德原理及实际的主观感情意志。
②厚：深厚，全面，喻事物的根本。
③薄：浮浅，偏颇，喻事物的个别属性。
④实：实在的结果。
⑤华：华丽的外表。
⑥彼：本文指礼仪形式。
⑦此：本文指道德根本。

道无思无欲，无偏无好，无党无私，始终任其自然本性支配万物生灭演化。任何脱离实际、违背道德原理、先入为主的主观感情意志行为，表面上可能非常诱人，似乎抓住了利益的根本，但实际上却背离了道的自然无私无偏本性。一旦离开道的自然无私无偏本性处事，最终必然会受挫折，所以，先入为主的"前识"观念实际上是愚蠢犯错的开端。

因此，大丈夫总是摒弃自己先入为主的主观感情意志，始终让自己的整个身心完全徜徉在万物根本原理之中，让其思想行为完全随道而动，而不是根据自己的主观意愿，刻意强迫万物某些属性的发展，或者刻意压抑或破坏万物某些属性的发展。

其做事的目的在于取得实实在在、可以永续发展存在的效果，而不是一座徒有华丽外表形式却无实质内容的海市蜃楼。这正是大丈夫淡然面对，甚或无视世俗礼教形式，而只特别重视道德根本的缘故。

【义理】

气的聚散离合及相应宏观之物的生灭，皆由道所主导。所以，秉持宇宙大道而处事的人，总是基于人类社会和谐发展的道德原则确立自己的思想行为，而不是主观武断，根据个人爱好干涉天下万物之生死演化。

德的根本目的是畜养人类社会文明的生生之机，实践方式是化解制约社会文明生生之机的一切不利因素。

仁的根本目的是爱护人、保护人，实践方式也是化解一切不利于人生存发展的负面因素。

义以主观的是非观念为出发点，发现并助长那些能够促进事物正确发展的积极因素，其实践的核心理念是发扬正能量。

礼的根本目的，在于教人遵守一套关于思想行为的繁文缛节，实践方式是照猫画虎，教人循规蹈矩，而不求解答深层次所以然的逻辑原理。

显然，从德，到仁，到义，再到礼，这是一个逐渐远离道的人生修行之路。

第三十九章

　　昔之得一者：天得一以清；地得一以宁；神得一以灵；谷得一以盈；侯得一以为天下正。其致之也，谓天无以清，将恐裂；地无以宁，将恐废；神无以灵，将恐歇；谷无以盈，将恐竭；万物无以生，将恐灭；侯王无以正，将恐蹶。故贵以贱为本，高以下为基。是以侯王自称孤、寡、不谷。此非以贱为本邪？非乎？故致誉无誉。是故不欲琭琭如玉，珞珞如石。

【释义】

昔之淂一①者：天淂一以清；地淂一以宁；神②淂一以灵；谷淂一以盈；侯淂一以为天下正③。

①一：指事字，表示数之始基，中国古典哲学借指萌生天地万物之体的原始胚胎。

②神：会意字，从"示"，从"申"。示，现也；申，天空中闪电形。闪电变化莫测，后世以此形容万物变化之奇妙，如《易·说卦》："神也者，妙万物而为言者也。"

③正：指事字，甲骨文字形，上面"一"表示方向、目标，下面"足（止）"意思是向这个方位或目标不偏不斜地走去，本文指合乎道的正确思想行为典范。

气在道的推动作用下聚散离合，形成日新月异、各具特色的天地万物。天地万物皆有各自独特的发生形成及其演化变迁之道，这个道就是理。如《韩非子》说："道者，万物之所然也，万理之所稽也。理者，成物之文也。道者，万物之所以成也，故曰道，理之者也。"

道是对立矛盾力量的依存转化统一体。天地万物原始的萌生之体，如同呱呱落地的婴儿，生生之机最旺盛，毁亡之机最虚弱。所以天地万物如果能始终持守住各自原始发生之初时期的道机状态，就能维系无限生命力，使其不断成长存在下去。

如天能始终保持自身原始萌生时期的道机状态，那么日月星辰将永远清朗有序；地如果能始终保持自身原始萌生时期的道机状态，那么自然界万物将始终在安然祥和的环境中生存发展；万物如果能始终保持各自原始萌生时期的道机状态，那么其各自的灵性将永不磨灭；河谷如果能始终保持自身原始萌生时期的道机状态，那么其充盈接纳百川之水而成流的本色永不消失；侯王如果能始终持守人类文明事业原始萌生时期的道机状态，那么其思想行为及其治世业绩将永远是世人效法的典范。

其致①之也，谓天无以清，将恐裂；地无以宁，将恐废；神无以灵，将恐歇；谷无以盈，将恐竭；万物无以生，将恐灭；侯王无以正，将恐蹶②。

①致：同"至"，帛书乙本即作"至"，至，本意指鸟从高空飞到地面，如《说文解字》说："至，鸟飞从高下至地也。"引申为极，尽，如《管子·君臣下》："致赏则匮"，本文即从此意，指天地万物从"得一"守根这个"极端"境界转变到守末求表这种截然相反的"极端"境界。

②蹶：跌倒，引申为失败、挫折。

如果天地万物在其存续演变过程中，逐渐远离其最初萌生时期的道机状态，就意味着毁亡之机的不断增强以及生生之机的不断衰弱。

如此经过一定时间后，其生生之能必然枯竭，毁亡之能无比强大，事物自然开始走向衰亡。

如天的存续演变若远离其萌生时期的道机状态，日月星辰将逐渐失序，甚至毁灭；地的存续演变若远离其萌生时期的道机状态，自然界万物将因为失却安然祥和的生存环境而遭受灾难；万物的存续演变若远离其萌生时期的道机状态，将渐失各自的灵性而衰亡；河谷的存续演变若远离其萌生时期的道机状态，将失去蓄纳流水作用而干涸；侯王治国之法若远离人类文明事业萌生时期的道机状态，将导致人民生存利益受损，所以不会再被世人爱戴效范，甚至可能因为人民的反抗而失国亡身。

故贵以贱为本，高以下为基。是以侯王自称孤、寡、不谷①。此非以贱为本邪？非乎？

①孤、寡、不谷：孤：谓不能得服世人，意指品德低下，不能服众。寡：会意字，金文字形，从"宀"，从"页"，一个人独处屋下的形象，本义指妇人丧夫，男子无妻或丧偶，古人认为这是无德的报应。不谷：谷，可以养人，为善物，不谷即不善。古代帝王之所以自称"孤""寡""不谷"，意在时刻提醒自己为君的任务，就是如何化解无德之品行。

道的正反互依互化本性决定了万事万物宏观属性上的对立矛盾特征，及其相互之间的制约消长转化规律。如贵与贱是一对对立矛盾统一体，生活中化解了导致贱的因素，则自然可以成就贵；高与下是一对对立矛盾统一体，化解了一切导致下的因素，则自然可以成就高。

同样的逻辑，一个符合道家圣人标准的帝王，他所有的治国精力都是放置在如何化解天下无德事物上，以此保障万物共荣共生之机，从而实现天下和谐大治之境。古代帝王之所以以少德之人自称，正是出于这种化"无德"以求"大德"治国方略的自我提醒与强调。

故致誉无誉。是故不欲琭琭①如玉，珞珞②如石。

① 琭琭：形容玉美的样子。
② 珞珞：形容石坚的样子。

赞扬一个人是基于他某个方面表现得非常优秀，鹤立鸡群。但当一个人真的实现了"无德"之性的净化后，他的一切思想行为都是完美的，失去差别比较的对象。所以单独表扬任何一个方面，就意味着对其他方面的否定，这显然是不合适的，因此，反而失去了特别赞誉的目标和必要。

所以，圣德之王治国，不追求玉一样外在形态的美好化，不追求石一样主观强硬的领导，不追求享受功利名誉，而是时刻恪守化反从正之道，执意于化解世间一切不好的事物，以便让世间一切美好的事物通过张扬自我生生之机，实现天下和谐大同。

【义理】

《说文解字》说："惟初太始，道立于一，造分天地，化成万物"，天地万物原始萌生之体，生生之机最旺盛，毁亡之机最虚弱。所以天地万物持守"一"这个原始萌生时期的道机状态，意味着其生存哲学始终以化反从正为原则。对于人君来说，就是通过不断化解制约人类社会文明进步发展的毁灭因素，来张扬社会文明发展的生生之机的道德化实践路线。

"物壮则老，是谓不道"，当万物各自达到自身盛极状态时，意味着其存续演化之道，已经远离原始萌生时期道机状态到了极致。这个时期，其相应的毁灭机能达到巅峰，生生机能则虚衰到极点，继续下去，万物必然走向毁灭复归之路。人类社会文明的演化也遵循这种逻辑规律，所以有道的侯王治国理政，总是以维护人类社会文明事业最初萌生时期的道机状态为追求。

第四十章

反者,道之动;弱者,道之用。天下万物生于有,有生于无。

【释义】

反①者,道之动②;
弱③者,道之用④。

①反:向相反的方向转化。
②动:会意字,从"重",从"力",用力推物使之位移,本文从其意。
③弱:减弱,变弱。
④用:使用,消耗。

《道德经》十六章说"夫物芸芸,各复归其根。归根曰静,静曰复命。复命曰常",《道德经》三十章说"物壮则老,是谓不道,不道早已"。盛极而衰,衰极而生,宇宙万物始终以返本复始的模式循环往复。而这一切的主导者就是道。

"反者,道之动",万物任其自然发展,之所以会不断向相反属性方向演变,是因为道的"变动"造成的。"弱者,道之用",万物任其自然发展,其正面属性之所以会愈来愈弱,是因为道被"消耗"掉了。

道的"变动"为什么会导致万物向相反属性演变?道的"消耗"又为什么会导致万物正面属性越来越衰弱?

万物的物质本体是气。气及万物属性的运动变化依靠道的推动来实现,说明道的本质是动力性的。道推动气及万物正面属性发展过程中，同时还形成与之相反方向的负面属性，说明动能性的道本质上是正反两种力量的对立统一体，《道德经》第四章说"道冲而用之"正是基于这种观点而言的。

  道推动气及万物运动演化过程中，其正面属性不断衰弱，说明推动这种正面属性形成的力量处在不断消耗减弱过程中；与此同时，其负面属性不断形成增强，说明推动这种负面属性形成的力量处在不断蓄积增强过程中。由此说明，道这种合一性的正反矛盾力量，始终处在此消彼长、此长彼消的规律性变化过程中。

  即从微观上看，当气沿某一方向运动，其相应的动力越来越弱，与此同时，促使气向相反方向运动的动力却越来越强。这就意味着，一旦气沿固有方向运动时速度降低为零，其反向动力蓄积到峰值。在如此强大动力作用下，气开始反向运动，走向"复归"之路。由此，此前的反向动力，也随之摇身一变，成为新方向运动的正性动力。随着气的"复归"运动，这种正性动力又不断减弱，同时又不断蓄积新的反方向动力。当气在此方向上的运动速度再次降低为零时，其反方向动力又达到顶峰。所以，此后气的运动又将再次调头，进行下一轮的往复循环运动。体现在宏观上，就是形质万物正反对立矛盾属性的强弱盛衰消长的演化与转变。

天下万物生于有①，
有生于无②。

①有：存在，本文引申为"显"，即能够被外界感知。指正在推动气运动的力量，因为其存在性通过万物生化过程中的外在形象功能属性特征变化体现出来，能够被外界间接感知，所以谓之"有"。

②无：同"亡"，郭店竹简《老子》甲组即作"亡"。亡，会意字，小篆字从"入"，从"ㄴ"；入，人也；ㄴ（yǐn），匿也，隐蔽之意。合起来表示人隐蔽不见，本文用其本意，意为隐藏不显。指

与推动气运动的一方力量相互依存的对立矛盾的另一方力量，因其存在性无法通过万物生化过程中的外在形象功能属性变化体现出来，暂时不能够被外界感知，所以谓之"亡"。

万物体现在外的宏观演变，微观上是由当下正在推动气运动的道性力量主导的，所以说天下万物都是可以间接感知的"有"道力量作用下发生形成的；道是相互依存的正反力量合一体，所以可以间接感知的"有"性动能，本质上根植于隐而不显的，不能感知的"无"性动能。

【义理】

本章是《道德经》的理论灵魂。可以说，无论是《道德经》的宇宙演化观，还是人生哲学观，都是基于本章内容观点建构的。

前贤将文中"弱"解释为柔弱，认为道是柔弱的，或道以柔弱为用，本书不赞同这种观点，因为这样的解释放在《道德经》全书中，会有很多逻辑上讲不通的地方，让人不明所以。

道是"有""无"正反动能性的统一体，本章再次明确申明了这一点。明代沈一贯《老子通》就曾针对这一问题作出特别说明："老子兼'有''无'而名'道'也，岂但以无为'道'也。"今人严灵峰说"沈氏认为'有''无'是指称'道'，这说法很正确"。认识到道的这一概念内涵特征非常关键，因为这一问题直接涉及道的内涵认知以及道家道德观的建构实践逻辑。

按照"反者道之动，弱者道之用"原理，气始终在无穷无尽的循环往复过程中存在。由此推论，气所聚化而成的宇宙万物，如果不受外在环境因素影响，应该像永动的弹簧振子，体现为返本复始，无限循环的生灭兴衰模式。

不过，在人类已知的宇宙内部世界，至今没有发现哪一种物质，真的像不停振动的弹簧振子那样，始终遵循同一形式性质的生灭兴衰演化模式。这是因为，宇宙内部实际上不存在绝对自我封闭、孑然独存的物质体系。外在环境因素的不断影响，必然使微观气的时空运动及由此形成的宏观物质体系演化失去如环无端的理想化循环往复模式。

但是如果把整个宇宙看作一个整体时，这个囊括一切的巨物质系统，就是一个自在自为的、不存在任何外界影响的绝对封闭系统，理应呈现为经典的、如环无端的无限循环演化模式，《太平经》卷六十五说"天道比若循环，周者复反始"，即是指此而言。

第四十一章

上士闻道，勤而行之。中士闻道，若存若亡。下士闻道，大笑之，不笑不足以为道。故建言有之：明道若昧，进道若退，夷道若纇，上德若谷，大白若辱，广德若不足，建德若偷，质真若渝，大方无隅，大器晚成，大音希声，大象无形。道隐无名。夫唯道，善贷且成。

【释义】

上士①闻道，勤②而行之。中士闻道，若存若亡。下士闻道，大笑之，不笑不足以为道。

①士，事也，数始于一，终于十，从"一"，从"十"，推"十"合"一"为士，引申之，凡能事其事者称士，先秦泛指具有一定文化知识的社会精英。

②勤：形声字，从"堇"，从"力"，"堇"义为"短暂的"，"堇"与"力"联合起来表示"短期内用力的"，引申为做事尽力，不偷懒。

上等知识分子听了道的理论，会尽力去践行，因为他们看待事物，总是希望透过外表看本质，从发生根源上着眼，探索解决问题的思路方法，而道正好在于解释事物发生形成的根本原理。

中等知识分子听了道的理论，将信将疑，有时行之，有时悖之，因为这种人看问题，有时只责之于外表，有时也考虑本质。

下等知识分子听了道的理论，反而哈哈大笑，如果不嘲笑，那就不足以称其为道了。因为这类人看问题，只重视外在征象，自恃聪明过人，崇尚走捷径，从不考虑问题的本质根源，认为"崇本举末"是最愚蠢的思想行为。

故建言①有之：明道若②昧，进道若退，夷③道若纇④，上德若谷，大白若辱⑤，广德若不足，建⑥德若偷⑦，质真若渝⑧。大方⑨无隅⑩，大器晚成，大音希声，大象无形。

①建言：建，本义指立朝律。建言，律法之言，本文引申为得到广泛认可的，被奉为圭臬的文化观念。

②若：象形字，甲骨文字形，像一个女人跪着，上面中间像头发，两边两只手在梳发，表示"顺从"，本文引申为对付、处置、化解、解决，《左传·僖公十五年》"寇深矣，若之何"即此意。

③夷：平坦。

④纇：崎岖不平。

⑤辱：黑垢。

⑥建：建设，本文引申为增加。

⑦偷：引申为窃取，引申为减少。

⑧渝：水由净变污。

⑨方：方正，正直。

⑩隅：隅，角落，引申为突显出来的棱角，本文再引申为主观是非分明的观念。

道的正反依存转化性决定了万物属性的对立矛盾依存转化性，所以先贤这样谆谆教导后人：

要追求光明，化解制约光明的阴暗因素就可以了；要想进步，断绝导致退步的因素就可以了；要走平坦的道路，铲平崎岖不平就可以了；要养成高尚的道德，克服无德之性就可以了；要想洁白无瑕，清除各种污渍就可以了；要培养完美的道德，弥补自己的不足就可以了；要增强德性，化解削弱德性的思想行为就可以了；要让事物体现本来面目，清除沾染其中的污垢就可以了。

正直的最高境界就是一切思想行为都合乎道，体现为没有自己先入为主的主观是非好恶成见；最完美的事业是基于根本缺陷与问题的彻底解决而自然形成的，所以不可能一挥而就，一定久经雕琢百般磨砺。最大的声音因力压一切其他声响而成为唯一，当耳际间只有一种声音持续时，这种声音就失去了区分的参照声，等于没有了声音。最大的形象无边无际，看不到头，所以无法描述其外表形体边界形态。

道隐无名①。夫唯道，善贷②且成。

① 名：直观描述形象特征谓之名。
② 贷，施与、给予，引申为作用影响。

道的本质是气禀赋的动能，它的存在只能通过气的运动及其万物外在形象属性的变化来间接认识，所以在直观世界中，道永远是"隐身"的，看不见的，不可描述其形象特征的。不过，"道者万物之奥"，道是宇宙万物生化的动力源泉，只有道才能使宇宙万象千变万化。

【义理】

道是万物形而上的机能，不可直接感知，所以生活中只有具有哲学眼光的人才能深切思辨体悟，并遵从道理处事，持守化反从正实践路径，在"无为"处做功夫，最终实现天衣无缝、完美无瑕的事业。

世之无知短视者，其认识只停留在事物的表象，心智仅止于欲壑，所以一味急功近利，为达到目的，无所不用其极，结果伤人而损己，最终竹篮打水一场空，甚至身败名裂，祸及九族。

第四十二章

道生一,一生二,二生三,三生万物。万物负阴而抱阳,冲气以为和。人之所恶,唯孤、寡、不谷,而王公以为称。故物或损之而益,或益之而损。人之所教,我亦教之:强梁者不得其死,吾将以为教父。

【释义】

道生一,一生二,二生三,三生万物。
万物负阴而抱阳,冲气以为和。

  宇宙间的一切事物现象都是道作用的结果。由于道的正反依存转化原理,微观时空上,气总是"周行而不殆";体现在宏观有限时空上,就是万事万物的生灭兴盛交替;体现在无限时空上,就是至简至朴、混沌一体之气经历漫长的聚散离合,形成结构关系极度复杂、质性功能千奇百怪的万物世界,接着这个繁盛至极的万物世界走向漫长的毁灭之路,最后又"复归"到至简至朴、混沌一体之气状态,进入下一轮造化过程。

  "夫物芸芸,各复归其根","道生一"就是指这种繁盛至极的万物世界在自身日久蓄积的强大负性动能作用下土崩瓦解,最终回归到至简至朴、混沌一体之气状态,"一"即是强调这种混沌同一之态,这个"一"也是天地万物造化之基,所以又谓之"根"。

《周易·系辞》用"易有太极"来说明这一过程，易者，变易，指道的作用而言；太极，即大极，形容混沌同一之气所占的空间之广。《道德经》二十五章"有物混成，先天地生，寂兮寥兮，独立而不改，周行而不殆，可以为天地母"即是指此宇宙态而言。《庄子·天下》谓"至小无内，谓之小一；至大无外，谓之大一"，"小一"即指不可再分的气，大一即指这种至简至朴、混沌一体之气。

至简至朴、混沌一体之气在自由运动过程中，相互碰撞，逐渐形成属性功能对立相反的两类聚合体，其中相对明亮、温热、升散、宣浮、运动等功能属性特点者称为阳气，相对晦暗、寒凉、潜敛、沉降、宁静等功能属性特点者称为阴气，此即"一生二"之谓。《周易·系辞》用"太极生两仪"来表述这一过程，"两仪"，即对立矛盾的阴阳二气之象。

阴阳二气合和形成阴阳和气，此即"二生三"之谓，"三"者，阴阳和气也，阴阳和气因其内部阴阳二气的盛衰不同各异其性，其中太阳与地球的阴阳交合之气，古人以年为周期，根据不同应用目的，将其分为四时之气（四季）、六气（先天八卦）、二十四气（二十四节）、六十四气（六十四卦）等，《周易·系辞》"两仪生四象"中的"四象"即是指四时阴阳和气之象。

不同属性的阴阳和气继续相互化合，形成属性功能复杂多样的不同物质类别及个体，此即"三生万物"之谓，因其数量繁多，难以计数，故特以"万"来形容。

"万物负阴而抱阳，冲气以为和"，这里的"阴""阳"特指道的正反二性，与《周易·系辞》"一阴一阳之谓道"中的"阴""阳"同义。万物皆由气构成，气天然禀赋正反依存互化合一的道性，不同个体的气分别在正反阴阳二道推动下，相互冲合，相互制化，最终形成不同性质的物质体，所以万物也自然同时禀赋正反对立矛盾之道，皆是负"阴道"而抱"阳道"，而且都是气在这种阴阳正反之道作用下，相互冲和制约，最后达到相对平衡稳定的状态。

人之所恶，唯孤、寡、不谷，而王公以为称。
故物或损之而益，或益之而损。
人之所教，我亦教之：强梁者不得其死，吾将以为教父。

  世人最厌恶的人，不外乎就是那些得不到别人的认可与友好，丧妻亡夫绝后孤老终生，以及邪恶无良之辈。高居上位的王公贵胄为时刻警惕自己不要沾染这些无德品行，也为时刻提醒自己的社会责任就是如何净化这些丑恶社会习性，所以又特别以"孤""寡""不谷"自称。

  道的正反依存互化属性决定了万事万物属性的对立矛盾依存转化规律。所以世间一切事物，减损其一方面的属性，就等于增益另一方面的属性；增强一方面的属性，就等于减损另一方面的属性。这是先贤洞彻天地自然大道原理实践后的智慧结晶，所以圣人将其作为教化后人的肺腑之言。

  根据道的正反依存转化原理，物极则必反，"物壮则老，是谓不道"，任何事物一旦强硬到极点，也就意味着其衰亡毁灭机转的到来。所以如果一个人认为自己已经像屋梁一样强硬，那么结果一定不能善终。圣人将这个先贤留下来的戒律格言作为教化世人的基本信条。

【义理】

  宇宙万物如何形成，既是哲学的基本命题，也是科学的核心问题。"万物负阴而抱阳，冲气以为和"，这个论断告诉世人，宇宙的物质本体是具有客观实在性的气，而宏观的万物则是阴阳二气冲和制化过程的产物，在阴阳二气的对立统一过程中存在。而"道生一，一生二，二生三，三生万物"则告诉世人，气是在道的推动下，分阴分阳，抟合互制，最终导致万物丛生。

  万物在对立矛盾属性的相互制约过程中存在，在对立矛盾属性的盛衰转化过程中演变。所以减损矛盾属性的一方面，等于增强另一方面的属性；增强一方面的属性，等于减损另一方面的属性。圣人正是根据这一认识，告诫世人，凡事切不可功利强求，只有化反从正方是正道。

第四十三章

天下之至柔，驰骋天下之至坚。无有入无间。吾是以知无为之有益。不言之教，无为之益，天下希及之。

【释义】

天下之至柔，驰骋①天下之至坚。无有②入③无间④。吾是以知无为⑤之有益。

①驰骋：纵马疾驰，引申为战胜役使。

②无有：无，不显；有，真实存在。无有，就是不能体现在外的真实存在，本文指道潜藏不显的反面力量。

③入：甲骨文字形，象尖头器具，尖头器具用于刺透固体物件，本意指进入，如《说文解字》说："入，内也。"本文引申为破坏。

④无间：致密没有空隙，指有形显性的事物，本文指道体现在外的正面力量。

⑤无为：不为，勿为，即"至柔"的，世人厌弃不欲的事物。

事物持守柔弱性态，意味着其生存发展过程中，始终以防范化解其毁亡之机、保护培植其生生之机为务。事物持守坚强性态，意味着其生存发展过程中，始终忽视毁亡之机，只重视生生之机的发扬。

持守柔弱性态的事物与持守坚强性态的事物狭路相逢时，前者积极化解自身弱点，发挥自身优势，围绕对方弱点，有的放矢，即所谓以己之长克彼之短。而后者无视自身弱点，也不会深入研究对方长短，只是试图以自身暂时的优势，即硬实力来碾压对方，可谓既不知己，更不知彼。这样两方势力对峙相争的最后结果，必然是前者大获全胜。所以凡是持守柔弱性态的事物，最终都能战胜持守坚强性态的事物。

因为按照道的对立矛盾转化性原理，任何事物在其自然生存发展过程中，其潜在不显的负面破坏因素及其力量始终在不断壮大，而体现在外的正面生生因素及其力量却在不断衰减消亡，所以事物最终都将因此而败亡。而如果再有外力刻意培植助养这种负面破坏因素及其力量，则其正面生生因素及其力量的衰减消亡会进一步加快，事物加速走向灭亡。道家圣人因此认识到事物秉持"至柔"性态，遵从问题导向，化解"无有"之机，消解"无为"之性，进而培养"无间"之道思想实践模式的巨大好处。

不言①之教，无为之益，天下希及之。

①不言：言，说，本文引申为倡导，提倡。不言，不被社会提倡的、被世俗厌弃的事物。

把教化的重心放在化解不被社会倡导的邪恶思想上，而不是一味宣扬善美正能量；把做事的重点放在化解世人厌恶恐惧的事物上，而不是追求短期外在的功利。这是道家人文思想教化及处世行为实践的理想境界，但世俗社会中，很少有人能够理解并践行道家的这种人生哲学。

【义理】

世人莫不希望自身强大，也莫不希望对自己有益的事物变得强大。

为此，绝大多数人总是费尽心思，探寻刚强之道，践行刚强之道。殊不知，刚强之道自在世间，只不过，现实中还有一条与之相羁绊的制约之道形影不离。

这个制约之道的天职就在于尽其所能毁灭事物的刚强之性，使之趋向柔弱衰亡。而且这种柔弱之道任其自然发展，必然会随着事物不断强大而增强；与此同时，刚强之道则随着事物的不断强大而衰弱。

所以，柔弱之道必然会战胜刚强之道，刚强的事物必然因之而衰亡。圣人正是基于这种认识，反复告诫世人，真正伟大的事业是在化反从正实践路径中实现的。但现实世界中，又有几人能耐得住寂寞，吃得下苦头，忍受长时间的清贫与疾苦来走这条路呢？

第四十四章

名与身孰亲？身与货孰多？得与亡孰病？甚爱必大费，多藏必厚亡。故知足不辱，知止不殆，可以长久。

【释义】

名与身孰亲？身与货孰多①？得与亡孰病？甚爱②必大费③，多藏必厚亡。故知足不辱，知止不殆，可以长久。

①多：重，与"轻"相对，如《汉书·灌夫传》："士亦以此多之。"
②爱：爱惜，珍惜。
③费：耗费，耗损。

　　名誉和生命相比，哪一样更值得亲近？生命和财富相比，哪一样更值得珍重？占有和失去相比，哪一个更有害？
　　过分爱惜名利，把名利置于人生最重要的位置，就意味着对生命本身的轻视与疏远，结果必然要付出巨大的健康代价。而当失去身心健康的时候，名利本身到底有多少意义？
　　不择手段的名利财富积敛，与之相伴的，是各种名利财富原罪因素的积累。物极必反，当非道德的名利财富积累到一定程度时，日久蓄积的强大原罪力量必然会如洪水猛兽一样，反过来摧枯拉朽，冲垮曾经苦心经营的名利场，甚至赔上身家性命。

所以世人唯有将嗜欲控制在合理范围，不违背道德原则，不越规行事，才能保证一生不会遭受反辱折杀的风险。一味以嗜欲合理为至上原则的人，会始终谨守伦理纲常的底线，践行在道德之路上。这样的行为方式，就不会滋生任何毁灭生生之机的原罪因素，其人生自然也不会遭遇风险不测，理想抱负也能持续平顺地不断接近。

【义理】

　　人的生命健康有赖于心身两个方面。心者，基于智慧的精神情志；身者，有形的脏腑经脉百骸。所以养生实际上包括两个方面，一是养心，二是养身。养心就是保养愉悦安宁的心情，养身就是维护身体形质功能的正常。

　　生活中影响心身健康的因素，除了吃穿住行外，名誉金钱当是最为普遍与深刻的。所以如何看待名利金钱，于人生至关重要。对此，不同的人生哲学有不同的观点。而在道家看来，应坚持两点：一是秉持"少私寡欲"的原则，懂得并坚守底线，以不违天和、不损他人为底线；二是坚持"为无为，欲无欲"的原则，持守问题导向主义，化解负能量，走化反从正的实践路径。

第四十五章

大成若缺,其用不弊。大盈若冲,其用不穷。大直若屈,大巧若拙,大辩若讷。躁胜寒,静胜热。清静为天下正。

【释义】

大成若①缺,其用不弊。大盈若冲②,其用不穷。大直若屈,大巧若拙,大辩若讷。

①若:义同四十一章,即对付,处置、化解之意。下同。

②冲:通"盅(zhōng)",本意指器物虚空,本文引申为空虚。

最完满的东西,就是修补了一切残缺之处,如果真的达到这样的状态,其功用自然是没有弊端的;最盈实的东西,就是填补了一切空虚之处,如果真的达到这种状态,其功用就不会有薄弱不足的地方。这是宇宙万物在自我成就过程中,信守化反从正实践方式所带来的实际好处。

天人一理,作为宇宙万物的一员,人类要实现自我价值的不断超越提高,也必须经由此途来实现。如要想使自己的思想品行达到真正的正直境界,就得不断地纠正那些邪恶不良的思想品行;要想达到凡事都能迅速正确地应对处置,就得在平时不断克服自己的笨拙迟钝之处;要想言出成章,力透灵魂,让人醍醐灌顶,成为世人敬仰的思想者，就得不断弥补自己知识的缺陷，洞悉事物本质，梳理混乱的思绪，改变遇事茫然无措之状。

躁①胜寒，静胜热。
清静为天下正。

① 躁：形声字，从"足"，从"喿（zào）"。足，人脚；喿，出现众多的事物，合起来表示众多事物要动，《释名》："躁，燥也，物燥乃动而飞扬也。"

道是正反动能的依存互化体，正消则反长，反消则正长，正反消长转化过程中，推动宏观事物属性的强弱胜负逆转。

动静既是道之对立矛盾属性两端的最基本特征，也是万物对立矛盾属性两端的基本特征。静为阴，阴生寒；动为阳，阳生热。动静相制相化，寒热也相随制化消长，万物在动静强弱转化过程中，实现了寒热属性的盛衰转化。

躁为动，动为阳，阳化热，动甚则阳长热盛，与之伴随的必然是静衰阴消寒减，简而言之，就是躁动能胜克阴寒。同理，静为阴，阴化寒，静甚则阴长寒盛，与之伴随的必然是动弱阳消热减，简而言之，就是静能胜克阳热。

国以民为基，以君为首。君离民则成孤家寡人，失去为君立国的前提基础；而民无君则一盘散沙，社会无序，国家不立，生活难以保障。所以君民相互依存，人类社会文明才能有进步发展的前提基础。但是君民之间又具有对立矛盾性，君意张扬则必然会削弱民意，民意张扬也必然意味着君意的弱化。

人类文明进步的根本标志是民生水平的不断提高，一个国家的繁荣富强，体现在根本上，就是社会大众对自己生存现状的满足感与幸福感。实现这一点必然是最广泛的民意张扬，而不是高高在上的君王个人意志凌霸。君王在其中的作用只是化解那些民之所不欲的事物，为民众意愿的实现创造尽可能少掣肘的时空环境条件，为人类社会文明发展扮演扶梯的角色。

所以，一个和谐健康、充满生机的国家，统治者只是默默守望民众的意愿，并为这些意愿的实现排忧解难，而不是翻手为云、覆手为雨，试图按照自己的意愿去影响改变民众的意愿。

【义理】

本章"若"字，前贤历来作"好像"解，但这样的解释，与文义不通。而按本意解，则文义昭然明了，故本文遵后者解。

按照道的对立矛盾依存转化原理，解决了不好的事物发展因素，事物自然就会向好的一方面进展，而且这样得来的事物最稳定、最安全。同样，为人处世，如果能一心一意化解事物的负面因素，那么，存留世间的自然是最美好的。

作为一国之主，服务人民利益是其天然职责，在道家看来，为君之道就是坚守化反从正的实践路径，为民意的张扬做默默无闻的铺路石子，而不是用自己私欲之念去强迫人民为自己的利益服务。

第四十六章

天下有道,却走马以粪。天下无道,戎马生于郊。咎莫大于欲得,祸莫大于不知足。故知足之足,常足矣。

【释义】

天下有道,却①走马②以粪。天下无道,戎马③生于郊。

①却:形声字,本作"卻",从"卩(jié)","谷(què)"声,"卩"像人腿骨节屈曲的样子,从"卩"与脚的活动有关,本义指停住不前,退回。

②走马:日常乘行赶路的马。

③戎马:戎,兵器的总称,戎马专指战马。

如果君王能按照人类文明进步发展的根本大道原理治世,天下人自然都能信守人类文明进步发展的根本大道原理行事。这种世风下,人们遇到马拉粪便这样的微末细小之事,也会遵照马的自然本性,让其暂停下来,等其完事再继续赶路。

但是,如果君王不能按照人类文明进步发展的根本大道原理治世,欲壑无边,恃强凌弱,穷兵黩武,连年征战。那么,即便是战马要临产这样的事情,都不能在马厩里完成,而是在战火纷飞的沙场上。

咎①莫大于欲得②，祸③莫大于不知足④。故知足之足，常足矣。

①咎：罪过。
②欲得：这里指凭一己之私欲去贪占本属于别人的利益。
③祸：灾难。
④不知足：不断贪占别人的利益，永远不知道满足。

人类文明的进步发展是劳动人民勤劳智慧的共同结晶，个人的心身健康只有在和谐的自然社会关系中才能持久维系，所以，只有万物共荣，才能打下个人幸福的基础。

一个人野心勃勃，肆意贪占别人的利益，会伤害社会和谐发展的基石，形成对他人的原罪，日久必然招致受害者的仇恨。当这种旷日持久的仇恨蓄积到极限之时，就会像火山一样爆发，焚烧一切原罪之源。所以，人生最大的灾祸就是无止境的贪婪之心。

道家以"道生之，德蓄之"作为治世处世之本，正是基于道的"究天人之际"理论逻辑推演，及现实漫长历史人事验证得出的结论，体现在人性修养上，就是懂得万物共生共荣的道理，不仅从心理上满足自己的能力、本分所得，不去贪占损害别人的利益，而且在实际行动中也持守能力、本分所得，不去贪占损害别人的利益，这样才算达到满足境界了。

【义理】

"己所不欲，勿施于人"，当一个人想通过贪占损伤别人的利益来填补自己无止境的欲念之壑时，应该同时想到，别人也可能动这样的脑筋。如此，社会安以和谐？个人权益何能保障？特别是一国之主，如果凭此念治国，天下人皆会因此而受伤。相应地，上行下效，其所造成的社会灾难是无法用言语形容的。

所以为长生久视计，一个人无论处在哪个社会阶层，懂得并持守以不伤害他人利益为底线的欲念边际非常重要，否则"其事好还"，终究祸必及己。所谓"万物并育而不相害，道并行而不相悖"，这是中国传统人文哲学精神的价值灵魂。

第四十七章

不出户，知天下；不窥牖，见天道。其出弥远，其知弥少。是以圣人不行而知，不见而明，不为而成。

【释义】

不出户，知天下；不窥牖①，见天道②。其出弥远，其知弥少。

① 窥牖：窥，从小孔隙里看；牖，窗户。
② 天道：日月星辰运行的自然规律。

万物外在形象的变化只是果，导致这个果产生的根本原因则是道。宇宙万物千姿百态，日新月异，人的眼目永远不可能穷尽。所以如果只是执着于事物外在具象变化，人们永远不可能准确把握住其发生形成及其演化变迁规律，自然难以合理利用其变化为人类自身利益服务。

相对于天地万物外在具象令人眼花缭乱的变化性，道则始终以正反依存消长互化这种亘古如一的至简方式推动着气造化宇宙万物。当人们面对变幻莫测的万物世界时，如果能够跳脱出外在具象的迷惑困扰，持守大道原理，针对具体事物变化，分析其发生形成之原理，就可以准确推断其过去、现在以及将来的演化变迁规律，进而做出有效应对。所以懂得天地万物发生形成之道的人，不出门户也能够预言天下万物的演化变迁，不望窗外也可以推知日月星辰的运行状态。

而一个人，如果不懂或者忽视大道原理，不思考事物内在发生形成机制，只是试图行万里路，观亿万象的方法来总结事物的演化变迁规律时，那么他反而会越来越迷茫，最终甚至会一无所得。因为世间本就没有完全相同的两个事物，又怎么能够总结出一个涵盖一切的普世文化？

是以圣人不行而知，不见而明，不为而成。

道家圣人对世界的认知完全超脱事物外在具象的困扰，依靠其对万物的发生形成及其演化变迁内在根源道机的深刻理解，在不行万里路、不观万物象的情况下，就能够准确把握其外在发生形成及其变化变迁规律过程。

因此，其行事从不只去关注事物外在的表象变化及一时的得失成败，更不会因为自己的主观意愿刻意强求妄为，而是始终围绕事物内在的发生形成机制，尽可能化解那些影响制约事物产生形成及其发展演变的因素，任其自然成长完善，最终达到理想的目标。

【义理】

"行万里路，读万卷书"，是很多知识分子的座右铭。但在道家看来，这种外在知识的积累只是认知世界的前提基础，如果没有在此基础上的内在原理认知，仍然始终得不到这个复杂世界的真谛，更谈不上正确面对这个世界的变化。所以和世俗之人相比，道家圣人更重视事物外在表象背后的内在动因探索，即"格物致知"并不是求知的根本目的，"穷理尽性"才是为学的最高追求。

第四十八章

为学日益。为道日损,损之又损,以至于无为。无为而无不为。取天下常以无事,及其有事,不足以取天下。

【释义】

为学日益。

人类要想在这个扑朔迷离的物质世界更好地立足生存,就必须透彻地认知理解这个繁复芜杂物质世界的来龙去脉。要达到这一目的,首先需要一个从少到多、由简入繁、从点到线、从面到体的外在具象知识的增益过程。

为道日损,损之又损,以至于无为①。　　①无为:没有可做的事情。

气为体,道为用,道气合一,气在道的作用下以不同方向、不同速度聚散离合,由此形成千变万化的物质世界,所以道才是万物生化之根本。

人类要真正有效地利用这个不停变化的物质世界服务自身,一方面,客体认知上,必须超脱事物外在具象,深入到发生形成原理上来,要实现这一点，就得在已有广泛、详细、系统事物外在体用特征认知基础上，分门别类，顺藤摸瓜，一步步深入进去，这是一个由表及里、脱实就虚、得意忘象、化繁为简的知识减损过程。当认知超脱所有实象的影响与束缚，只存留事物道机原理时，意味着抵达减无可减、损无可损的简朴程度，真正进入"明白四达"的境界。另一方面，为人处世上，必须不断减损自私自利的思想行为，这是一个接近恬淡虚无、进入大公无私境界的自我修养过程。

无为而无不为。取天下常以无事①，及其有事②，不足以取天下。

①以无事：指超脱形质具象的困扰，涤除了私心欲念的作祟，谨守道机原理做事。无者，无私欲，没有外物困扰。

②有事：指囿于事物外在形象，凭一己之私来做事。有者，有私欲，困扰于外物。

勘破红尘万象，没有繁杂形体蔽障，唯剩一缕缕化物道机萦绕心际时，万物生生化化的时空过程就徐然明晰地映现在人的心灵世界。据此道机原理，人们可以有效地提前应对未来事物变化，进而趋利避害，最大限度地维护自身生命利益。

同样的道理，一个人要想赢得天下民心，成就事业，最正确的方法是清除滚滚红尘对感官的蒙蔽，洗涤心灵深处的名利物欲贪念，持守人类文明生生之道，化解一切负面因素，为民众自我创造幸福生活最大限度地提供便利的时空环境。

反之，如果一个人被声色犬马所左右，为名利物欲而奔走，试图以一己之私念左右天下人之未来，无所不用其极，到头来成为天下人的公敌，又何以能赢得天下人心、成就事业？

【义理】

"民可使由之，不可使知之。"传统认为，《道德经》是要让人民

"无知无欲",其本质是愚民精神,且不说对这些章句本身的理解是否正确,但就这一章看,《道德经》已经非常明确地肯定人生修行路上"为学日益"的基础地位,而且认为,这是人类进一步认识道,谨持"无为而无不为"实践路径处世做事的前提基础。

第四十九章

圣人常无心,以百姓心为心。善者,吾善之;不善者,吾亦善之,德善。信者,吾信之;不信者,吾亦信之,德信。圣人在天下,歙歙焉,为天下浑其心,百姓皆注其耳目,圣人皆孩之。

【释义】

圣人常无心,以百姓心为心。善者,吾善之;不善者,吾亦善之,德①善。信者,吾信之;不信者,吾亦信之,德信。

①德:即"得",下同。

圣人永远没有自己先入为主的私心观念,而是想民之所想、欲民之所欲、厌民之所厌、急民之所急,始终持守天下共荣共生的道德思想实践路径。

体现在对待老百姓的态度上,就是善良的人,以善良的心态对待;不善良的人,也以善良的心态对待,这样的境界,才算真正达到善良的最高层次了。诚信的人,以诚信的态度对待;不诚信的人,也以诚信的心态对待,这样的境界,才算真正达到诚信的最高层次了。

圣人在天下，歙歙[1]焉，为天下浑其心，百姓皆注其耳目，圣人皆孩之。

[1]歙：意为吸气，此处指收敛意欲。

圣人为了天下百姓能够幸福生活，收敛磨灭主观欲念，使心灵保持空明无私、不染尘埃的无为状态。因为只有一颗纯朴无欲的心，才能够全面接纳老百姓的思想欲念，汇成天下万民的精神化身，成为天下共戴的圣王，成就承前启后的人类文明伟业。

天下百姓把自己感官所见、心灵所思都汇注于圣人浑朴无私的心田，圣人由此凝练出服务大众，促进社会文明进步的理论实践方法。圣人对待老百姓的这种方式，就像父母爱护抚育嗷嗷待哺的孩子一样，没有丝毫的私心杂念。

【义理】

近代以来，学界以为博爱、民主、选举等人文精神是西方文明的专利。其实《道德经》早在两千五百年前就已经深刻阐述了这些普世的人类文明实践观。关于这一点，近代著名思想家严复在《老子道德经评点》中就有深刻精辟的点评："夫黄老之道，民主之国之所用也。故能'长而不宰'，'无为而无不为'。君主之国，未有能用黄老者也。"本章实际上就涉及其中两个方面：

一是民主的精神，认为民心是至高无上的，人君始终以服务人民为宗旨，即所谓"圣人常无心，以百姓心为心""圣人在天下，歙歙焉，为天下浑其心，百姓皆注其耳目，圣人皆孩之"，切忌把自己的私心欲念强加于民。

二是博爱的精神，即善意诚信地对待天下苍生，即便对待那些邪恶之辈，也要抱着善意诚信的原则，德化其思想，约束其行为，帮助其改邪归正，而不是以恶制恶，灭其性命，即"善者，吾善之；不善者，吾亦善之，德善。信者，吾信之；不信者，吾亦信之，德信"。

第五十章

出生入死。生之徒，十有三；死之徒，十有三。人之生，动之于死地，亦十有三。夫何故？以其生之厚。盖闻善摄生者，陆行不遇兕虎，入军不被甲兵；兕无所投其角，虎无所用其爪，兵无所容其刃。夫何故？以其无死地。

【释义】

出生入死。生之徒①，十有三；死之徒，十有三。人之生，动之于死地，亦十有三。夫何故？以其生之厚。

①徒：同一类别的人。下同。

宇宙万物皆在对立矛盾属性的依存转化过程中存在，这是道的正反动能消长转化在宏观物象上的必然体现。有无相生，生死相依，人的生命也自始至终都在生死机缘的对立消长转化过程中存在。

人出生时，生机最为旺盛，死机最为微弱，此后随着生命的迁延，生机日渐虚衰，死机日渐增强，直至最终生机耗尽，死机极致强盛，生命戛然而止。由于复杂的原因，每个人的天生体质不同，生死矛盾之机也各具特色，理论寿命不尽相同。

其中十分之三的人，一方面先天体质较好，另一方面后天保养得宜，所以寿命比较长；十分之三的人，先天体质不足，即便医疗保健做得比较好，寿命也不会太长，因为根本不足。还有十分之三的人，在追求长寿过程中，因为养生方法不当，将自己推向死地，其中主要原因是嗜欲不节，情志不调，奉养过度，伤害了生生之机。

盖闻善摄生者，陆行不遇兕①虎，入军不被甲兵；兕无所投其角，虎无所用其爪，兵无所容其刃。夫何故？以其无死地。

① 兕：音"sì"，属于犀牛类的动物。

据说，善于保养自己生命的人，在陆地行走，不会遇到凶恶的犀牛和猛虎；在战场冲锋陷阵，却不被敌人武器伤害。犀牛无处投角，老虎无处伸爪，兵甲利器无处刺击，这就是善于养生之人能够保全生命的独特方法。

为什么只有善于养生的人才能做到这个地步？因为只有这种人真正懂得人类生命的生死之道，生死机转，能够合理有效地规避生命险境，化解死亡因缘，创造生生之机，进而最大限度地保护生命健康。

【义理】

人的寿命受多方面因素的影响，这其中，遗传体质，或者说先天禀赋是基础。有了好的先天禀赋，尚需要后天的合理保养，才能真正寿尽天年。即便禀赋一般，若后天保养得宜，也能高寿。

而后天保养中，最重要者，除了合理的饮食外，一是养心，其核心内容是保养精神情志；二是养身，其关键在于保持良好的生活习惯。无论是精神情志，还是生活习惯，与养生而言，其根本要义在于化解或远离死亡之机，最大限度地维护生生之道。

本章特别强调了两点：一是精神上要以少私寡欲、恬淡虚无为本；二是尽可能远离不健康的生活习惯。

第五十一章

道生之，德畜之，物形之，势成之。是以万物莫不尊道而贵德。道之尊，德之贵，夫莫之命而常自然。故道生之，德畜之，长之育之，成之熟之，养之覆之。生而不有，为而不恃，长而不宰，是谓玄德。

【释义】

道生之，德畜①之，物②形之，势③成之。是以万物莫不尊道而贵德。道之尊，德之贵，夫莫之命而常自然。

①物：一切形质之体的统称，其微观本体是气。
②畜：人为主动地蓄养。
③势：时空环境里可以对物产生影响的外在因素。

万物有生有灭，人类生命同样有生有灭，这是道正反依存互化性的必然结果。不过，由于唯生意识的引导，人类在面对攸关己身利益事物发生形成之道的正反二性上，呈现出特定的主观选择性。

凡有利于人类生存繁衍的事物，人们自然想尽一切办法张扬其内在的生生之机，化解其内在的毁亡之机，使其不断成长；而那些不利于人类生存繁衍的事物，人们又需要想尽一切办法来扼杀其内在的生生之机，张扬其内在的毁亡之机，使其不断消亡。这是人类面对万物发生形成之道时的一个基本态度，也是德的核心要素。

人类生存繁衍过程中，要面对数之不尽的生命危险，而单凭个人能力又很难应付与化解，所以必须走社会化、国家化，乃至天下一家的共荣共生之路。这就要求人们对利害的分辨、对道的取舍，须基于集体的视野，而非只是考量个人眼前利益。道家正是基于这种共生共荣人生哲学，形成了独特的"德"性观。

个人的幸福快乐依赖于社会文明的和谐发展，而体现社会文明和谐发展的每一事物都有其必然的发生形成之道。所以，要更好地促进社会文明进步发展，不断提高社会成员的幸福快乐感，人们必须要在信守大道原理的基础上，辅以独具人文魅力的德性行为蓄养社会文明的生生之机，根据相应事物各自生存发展所需，及时给予相应物质补充，妥善利用各种时空环境条件，让理想逐渐变成现实。

道和德从形而上机理角度影响事物的发生形成及其演变，决定事物的各种时空属性特征，而物和势是影响事物产生形成及其发展变化的外部必要条件。显然，对于人类生命利益维护而言，道和德的作用是根本性、决定性的，而物和势则是必要的外在条件，而非核心决定因素。

因此，人类要促进自身社会文明的健康发展，维护自身生命利益，首要思想行为准则，就是遵从大道、循蹈道德。道的这种至尊地位，德的这种宝贵作用，不是有人主观刻意加封的，而是宇宙万物以及人类文明造化过程中自然体现出来的。

故道生之，德畜之。
长之育之，成之熟之，养之覆之。

始终秉持大道原理，坚守人类文明生生不息的根基；发扬德的主观能动性，抚育培植人类文明生生之机。这样做的目的，在于使人类文明事业不断盛长、不断创新进步，推动其逐渐向成熟完善方向发展。而究其要旨，在于保养呵护家国天下人的共同生存利益。这既是人类追求生命利益最大化的必然要求，也是道德本质的基本体现。

生而不有，为而不恃，　　①玄：幽深微妙的至高境界。
长而不宰，是谓玄①德。

蓄养人类文明生生之机，培植人类生生之本，帮助世人更好地生存，却从不以私藏天下万物为目的；为了人民的幸福生活鞠躬尽瘁，为人类文明的进步付出力所能及的贡献，但却从不恃功倨傲、自鸣得意；抚育护佑人民，却从不干涉主宰他们的思想情感意志。这样的道德境界，无疑是最高的。

【义理】

遵道是德性的基础，但德性并不等于道性，因为道是二元对立依存转化性的，既可以生物，也可以毁物。对于唯生意识的人类来说，有些事物是有益的，需要生之；有些事物是有害的，需要毁之。只有维护蓄养有益于人类利益事物生存发展，破除不利于人类生存利益事物生存发展的思想品行才具备德行，这是德性的第一要素。

由于人类生存环境的险恶复杂以及个体力量的渺小，人们生命利益的维护，必须在人与人之间的协同共荣过程中才能真正实现，所以只有抛开个人利己主义，着眼于大众群体利益的创造与维护，以服务他人、奉献社会为宗旨的德性，才算达到了德的至高层次，这是德性的第二要素。

第五十二章

天下有始，以为天下母。既得其母，以知其子，复守其母，没身不殆。塞其兑，闭其门，终身不勤。开其兑，济其事，终身不救。见小曰明，守柔曰强。用其光，复归其明，无遗身殃，是为袭常。

【释义】

天下有始，以为天下母。
既得其母，以知其子，复守其母，没身不殆。

  天下万事万物都有各自独特的发生形成之道，这个道从根本上决定了相应事物未来的发生形成及其演化变迁过程，所以谓之"母"。
  洞悉了事物各自发生形成及其演化变迁之道，就可以预知把握其未来种种形质功能属性的出现。而对事物外在变化现象及其规律的深入细致了解，又能裨益其内在发生形成及其演化变迁道机特征的认知。
  所以，从形而下思辨形而上，从形而上推演形而下，这是人类正确认知世界的基本途径。人们只要透彻理解自身生存所面对的主客体世界，并合理利用相应事物的道机原理处世，就永远不会遭遇挫折与失败。

塞其兑①，闭其门②，终身不勤③。开其兑，济其事，终身不救。

①兑：泛指眼目口鼻等感官。
②门：指心，情感智慧诞生之地，嗜欲好恶起灭出入之处。
③勤：借为"瘽"，《说文解字》："瘽，病也。"

    人的五官感知能力始终是有限的，而世界的变化永远是无限的，有限不可能包容无限。所以，如果只是试图通过眼目口鼻等感官收集事物外在属性信息，来正确构建一幅关于认知对象的时空演化图，是不可能真正实现的。当然，以这种残缺不全的知识信息来服务人类社会，也不可能真正达到预期的目标。

    相比繁复芜杂的事物外在变化，主导事物发生形成及演化变迁的内在道机，却具有稳定性、规律性，而且越是接近其原始根本，稳定性越高，表现也越简单。当人的认知一旦抵达万物道机形成之初状态时，就会发现大道"至简"，这个"至简"的道机特征就是"反者道之动，弱者道之用，天下万物生于有，有生于无"。

    人的认知要进入"至简"的大道境界，超脱红尘万象的感官困扰，摆脱功名利禄的心神诱惑，无疑是必须的。唯其如此，才能真正静下心来，透过现象看本质，通过内在道机路径，推演事物外在的具象变化规律，进而正确指导人们思想行为，服务人类生命利益。

见小曰明，守柔曰强。
用其光，复归其明，无遗身殃，是为袭常。

    要准确把握事物发生形成及演化变迁规律，并利用这种知识服务人类社会，首先，在事物认知上需要经历一个由外在具象向内在理象转变的过程。这个过程是由浅入深、从繁至简、自宏观到微观的"见小"过程。当人们对道机的认识达到至微、至简境界时，即意味着相应事物的根本原理彻底展现在其认知视野，该事物的来龙去脉得以完全明了。

事物发生形成之道对立统一的矛盾依存互化性，决定了万事万物生灭盛衰消长循环法则。所以，面对利害攸关的事物，人类只有不断化解事物阴柔毁灭之机，蓄养培植事物阳刚生生之机，才能让理想中的事物不断稳健地成长、发展、壮大。

　　洞悉事物的道机原理，才能透彻明白事物的生灭始终，也才能精准认识制约事物发生发展的负面因素，找到有效的解决办法，更好地蓄养其生生之机。那么，怎样做才能真正洞悉事物道机根本之微妙呢？

　　这个途径就是先认知积累事物表现在外的各种具象属性功能特征，以此为基础，不断依据逻辑推理其内在的发生形成道机，逐步模拟构建一个关于相应事物生灭始终的三维时空模式演化图。

　　心身置于这样的一个事物演化道机原理时空中，不仅可以"明白四达"，而且还能实现"为无为而无不为"的事业境界，保证一生安康顺畅。所以，人的一生中，需要知道、遵道、行道。

【义理】

　　"形而下者谓之器，形而上者谓之道"，"道者，万物之奥"，任何事物形而下的外在器象形成皆有其相应的形而上内在道机根源。知"器"不知"道"者，穷其一生，最多只能成就技工事业。唯有观"器"而达"道"者，才能驾驭事物，影响天下，感召苍生。

　　事物内在的道机原理认知，不是单纯依靠冥想顿悟形成，而是以事物外在具象认知为基础的逻辑思辨，所以，正确的求知途径是观器以辨道。道是事物发生形成演化成如此的唯一根源，所以从道机原理层次把握事物，才能实现"会当凌绝顶，一览众山小"的自由空灵境界。

第五十三章

使我介然有知，行于大道，唯施是畏。大道甚夷，而人好径。朝甚除，田甚芜，仓甚虚。服文采，带利剑，厌饮食，财货有馀，是为盗夸，非道也哉！

【释义】

使我介①然有知，行于大道，唯施②是畏。大道甚夷，而人好径。

①介：象形字，甲骨文字形，中间是人，两边四点像连在一起的铠甲，后世将能够隔绝事物与外界联系的壳称为"介"。本文沿袭此意，喻懂道者"封闭感官"，超脱红尘外象干扰，不以外在感官所得左右自身思想行为，沉心事物内在发生形成大道原理思辨的求知路径，即前文的"塞其兑，闭其门""用其光，复归其明"。

②施：践行，实践。

"塞其兑，闭其门，终身不勤。开其兑，济其事，终身不救。"对于那些志在探求真理、推动人类文明进步的人来说，想做到像穿戴铠甲一样，物外红尘万象，超脱名利欲念，潜心认知事物大道原理，遵循道德处世行事，最需要时刻警惕与自省的是，其行为实践活动是否偏离相应事物发生形成及演化变迁的大道原理及其规律。

因为按照道的正反依存互化原理，无论是促成某一事物，抑或毁灭某一事物，形式上必然有两种：其一是按照化反从正思路，化解制约目标事物发生形成的负面因素，以促成事物发生形成的正面能量作用的发挥。其二是忽视制约目标事物发生形成的负面因素，紧盯目标事物发生形成的正面能量，并努力促成其作用的发挥，甚或借助外力拔苗助长，以求快速实现目标。

前者是一个化解负能量，为正能量形成及其发挥作用创造有利时空环境条件的过程，虽然达到目的的速度可能比较慢，但是一条可靠可行的平顺坦荡实践路径，也是一条可以让目标"天长地久"存续下去的实践方法。

反观后者，虽然一定条件下是一条可以快速实现目标的捷径，但从道机原理看，这种实践方式，因为忽视了负能量积累及其日渐强大的破坏力，所以目标即便一时实现了，也很难稳定存在下去。

但现实中，急功近利、避难趋易是世俗之人的普遍本性，在红尘物欲诱惑下，能放弃投机取巧捷径，坚持化反从正实践原则，一步一个脚印去做事的世人又有多少！

朝甚除①，田甚芜，仓甚虚。服文采，带利剑，厌饮食②，财货有余，是为盗夸③，非道也哉！

①甚除：除，朝堂宫殿的台阶。甚除，台阶甚多，说明朝堂宫殿修建的宏伟华丽。

②厌饮食：厌，厌烦；厌饮食，讨厌吃喝，形容酒足饭饱、饮食过度。

③盗夸：即大盗。

对于大权在握的统治阶级来说，一旦利令智昏，就会为眼前一己之私，枉顾人类文明进步发展的道德规律，强取豪夺，横征暴敛，盘剥民利，奴役百姓，动摇民生根本。

体现在《道德经》作者所在的春秋时代现实中,最常见的就是劳动人民被统治者肆意征用,大兴土木,修建豪华恢宏的朝堂宫殿及亭台楼阁,却因此耽搁了生产,导致田园荒芜、仓廪空虚、饥荒连年。而当权者却身穿华美服饰,腰佩锋利刀剑,美味佳肴腻味,金银财宝囤积到库府放不下。这样的统治者只能说是彻头彻尾的强盗头子,哪里是按照人类文明进步发展的道德原理来治国的!

【义理】

人类认知世界的根本目的在于创造美好生活,所以利欲之心是人类文明创造的第一动力。

道家基于道的对立矛盾依存转化性原理认知,认为世人只有超越事物外在具象认知干扰,明达主导事物发生形成及其演化变迁的根本原理,按照化反从正的实践路径,才能最终真正实现这种人生理想。

但世俗之人多忽视事物对立矛盾依存转化性规律,不懂形而上的道的对立矛盾依存转化性原理,又或过度高估个人能力,不屑同舟共济、共荣共生的人类文明创造途径。体现在思想上,就是极端利己主义以及功利主义;表现在行为上,是背离化反从正实践原则,肆意侵凌他人利益,造成各种社会矛盾。特别是手握权柄的统治阶级,一旦利欲熏心,行无节制,其对社会的危害更加严重。

第五十四章

善建者不拔，善抱者不脱，子孙以祭祀不辍。修之于身，其德乃真；修之于家，其德乃馀；修之于乡，其德乃长；修之于邦，其德乃丰；修之于天下，其德乃普。故以身观身，以家观家，以乡观乡，以邦观邦，以天下观天下。吾何以知天下然哉？以此。

【释义】

善①建②者不拔③，善抱④者不脱，子孙以祭祀不辍。

①善：符合道德。
②建：立律令。
③拔：本意指拖拉出来，本文意为废除。
④抱：这里指拥有。

符合道德的教化律令是永远不可能被废除的，因为其创立过程中已经规避了那些可能阻碍人类文明进步发展的内容，始终符合人类利益的需要，所以永远具有现实活力。合乎道德的事业理想会一直存续发展下去，任何情况下都不可能被抛弃，因为这种事业理想永远是世人所需要的。子孙后代也因此能够继承先祖创立的这些道德文化及其文明事业，将其不断发扬光大，使之生生不息，历久弥新。

修之于身，其德乃真①；
修之于家，其德乃馀②；
修之于乡③，其德乃长④；
修之于邦⑤，其德乃丰⑥；
修之于天下⑦，其德乃普⑧。

①真：真实。
②馀：本意指剩饭，剩饭可以养活他人，这里比喻道德功能，意指道德除了可以惠利己身之外，还可以恩泽他人。
③乡：春秋时代超越血亲关系的最小社会行政组织结构，一般人口在三千人上下。
④长：延展，伸长。
⑤邦：诸侯的封国。
⑥丰：充盈丰沛。
⑦天下：泛指整个中国范围。
⑧普：普遍，无遗漏。

　　道德本身是一个理性观念，没有任何外在的具象特征，也不直接显示任何形式的功能。道德只有落实于人的思想行为之中，才能间接体现其作用和价值。所以，道德要真实显示其存在及其价值，首先得契合在个人的身心修养上。

　　道德是基于天地万物演化原理而建立的天人合一思想行为准则，道德的教化目标不仅仅只是针对个别人，更在于天下所有人，只有这样才能实现人与天地万物之间的共荣共生。而要完成这种教化目标，就必须经由一个从微观个体到广泛群体的外向普及落实过程。

　　人是社会性动物，人类社会的最小单元是血缘亲情纽带的家庭，所以，道德修养要走出个别家庭，走向更广泛的社会，第一步必然是以家庭为对象的，由此，道德惠泽他人的功能开始体现出来。

　　春秋战国时期，超越血缘关系，比家庭更大的社会组织单元是乡，所以，当道德初步完成其家庭血缘亲情成员的教化后，接下来的对象就是乡民大众，这既是道德影响作用的进一步延展与扩大，也是道德社会功能的进一步实现与展现。

现实中，一个社会组织只有足够稳定，才可能真正保障其人民的长期生存利益，而一个能够稳定存在的社会，必须具备足够广的自然生存空间、足够多的人民群众、相对独立的社会自主权力。春秋时代，这样的社会组织单位就是诸侯邦国，所以道德的教化一旦涵盖整个邦国人民，就意味着其社会目标与功能得以基本实现，意味着其功德的初步圆满。

如果道德教化能够跨越诸侯邦国之界，遍及天下各域，惠及天下众生，这样的状况既是道德社会价值实现的最大化，也是道德功能展现的最大化。

故以身观身，以家观家，以乡观乡，
以邦观邦，以天下观天下。
吾何以知天下然哉？以此。

用道德修身观来评判人的品行是否优秀，用道德亲情观来评判家庭关系是否健康，用道德邻里观来考察乡党之间交往是否合适，用道德社会观来评判国家治理方式是否英明，用道德天下观来评价世间万物各自的存在品行及其存在价值是否合理，如此，道家圣人何以能不行万里路？不睹众生象，却能知道天下事，洞彻否泰情，就是因为他们从发生形成根源上明了其天机之变、道德之径。

【义理】

人世间什么东西能经久弥新，世代永续？一是符合道德的文化，二是符合道德的事业。道德之于人类文明的进步发展具有基础地位，所以，修身、齐家、治乡、安邦、平天下需要以道德来涵养，评价身、家、乡、邦、天下的好坏也需要以道德为准则。

第五十五章

含德之厚，比于赤子。毒虫不螫，猛兽不据，攫鸟不搏。骨弱筋柔而握固。未知牝牡之合而朘作，精之至也。终日号而不嗄，和之至也。知和曰常，知常曰明。益生曰祥。心使气曰强。物壮则老，谓之不道，不道早已。

【释义】

含德之厚，比于赤子。毒虫不螫，猛兽不据，攫鸟不搏。骨弱筋柔而握固。未知牝牡之合而朘①作，精②之至也。终日号③而不嗄，和④之至也。

①朘：男子生殖器。
②精：形质也，其本为气，本文指维系生命的物质。
③号：大声喊叫。
④和：功能之状，其本为道，本文指人体脏腑功能和谐。

"道生之，德蓄之"，道德的根本目的在于蓄养人的生生之机；"为无为则无不为"，道德的践行途径是化解制约人类生生之机的负面因素。

人的一生之中，生生之机最旺盛、死亡之机最微弱者，当然是呱呱落地的"赤子"时期。道德修养深厚、善于以道德之法养生的人，其生生之机始终维持在力所能及的最大化水平，理想境界就是如同刚出生的婴儿那样朝气蓬勃；同时，由于能敏锐地洞察生存环境中的各种危险因素，可以及时规避，所以毒虫蜇害不到，野兽捕捉不到，凶鹰攻击不到。

生生之机旺盛的人，体现在其生命活动中，一是生命精气十分充沛，其表现就是筋骨柔软如同婴儿，但是握固之力却非常强；没有性欲冲动的时候，生殖器每天仍然定时晨勃。二是脏腑机能十分健康和谐，其表现就是即便整日呼喊说话，声音不会沙哑。

知和曰常①，知常曰明。益生曰祥②。心使气曰强。物壮则老，谓之不道，不道早已。

①常：正常，符合预期要求。
②祥：本文特指凶兆，意为不祥，指对生命健康无益。如《庄子·庚桑楚》"孽狐为之祥"即为此意。

人体生命精气的生化，全赖脏腑生理功能的健康与协调。没有脏腑生理功能的和谐，就不会有精气的正常生成运化。所以生活中养生治病，不被外在的生命体征所迷惑，深入理解脏腑生理功能之机，懂得人体精气生化之道是首要任务，唯其如此，才能入窥长生之门，明了长生之径。

道的正反对立依存互化性决定任何事物都处在生死存亡的矛盾斗争转化过程中。人自出生后，生机就开始逐步磨灭，死机不断增强，这是道的自然转变规律使然。

日常生活中，如果忽略生命内在不显山露水的毁灭之机，一味追求增强生命生生之机的养生方法，站在长远时间上审视，反而是拔苗助长，伤害人的生命。特别是那些完全依凭感情嗜欲，急功近利，任性强化精气神的方法，结果对生命健康的伤害更加严重。

因为这样的养生保健模式，总是置日渐增强的危亡之机于不顾，使得其毁灭生生之机的能力不断增加，当毁灭人体脏腑生化精气的机能一旦超过脏腑生化精气的机能，人体生命必然逐渐走向衰老死亡。显然，这种不符合生命生生之道的养生保健方法，不但起不到预期的养生保健目的，反而因为养虎为患，加速了生命的衰老死亡。

【义理】

人的生命历程本质上就是生死之机的盛衰转化，所以养生本质上就是不断化解死亡之机，培育生生之机，尽可能保持旺盛的生命力，借用行话说，就是"驱邪扶正""养精蓄锐"。

在人的一生之中，生命力最旺盛的时期莫过于婴儿阶段，所以，养生的理想境界就是让人尽可能保持这个年龄段的生理状态。当然，现实中不可能绝对实现这一点，因为随着年龄的增加，人体生命会相继形成一些很难甚至无法化解的破坏因素，同时，诸多生生因素及其机能也在不可逆转地减弱，所以人出生后，生命就开始走向衰亡，这是自然规律。但是，合道的、全面的、持久的后天养生措施，可以延缓衰老，减少疾病发生，增加寿元则是肯定的。

第五十六章

知者不言，言者不知。塞其兑，闭其门，挫其锐；解其纷，和其光，同其尘，是谓玄同。故不可得而亲，不可得而疏，不可得而利，不可得而害，不可得而贵，不可得而贱。故为天下贵。

【释义】

知者不言①，言者不知。塞其兑，闭其门，挫②其锐③；解④其纷⑤，和⑥其光⑦，同⑧其尘⑨，是谓玄⑩同。

①言：号令，律令，《国语·周语》："有不祭则修意，有不祀则修言"，此"言"即用此意，如韦昭注："言，号令也。"

②挫：消磨，折去。

③锐：锋利的刀具，制造利器的目的在于伤损他物，本文特指统治者依凭一己之好，去伤害别人生存利益的不道德行为。

④解：分解，理清楚。

⑤纷：丝线杂乱无章，纠缠不清。

⑥和：融在一起，不分彼此。

⑦光，光照之下，事物外在的具象特征才能显示出来，本文即指事物体现在外的各种具象特征。

⑧同：在一起。

⑨尘：微小的颗粒，本文指事物的微妙本源。

⑩玄：幽深微妙。

  统治者发号施令的目的在于影响甚或左右老百姓的感情思想行为，这样的社会治理方法，显然背离了道家圣人所崇尚的"行不言之教"原则，也远离了"百姓皆谓我自然，帝力与我何有焉"的民主境界。

  真正懂道守道的圣贤治理国家，只是潜心化解老百姓所不欲之事，任凭老百姓按照自己的理想去创造文明，推动社会进步，而不是对老百姓发号施令，强迫他们去做什么。那些崇尚权力地位、迷恋控制他人、喜欢发号施令的人，说明他们并没有真正懂得宇宙万物演化的大道原理。

  那么，人们怎样做才能真正成为得道的圣贤呢？

  首先，要超脱红尘万象与人的视觉困扰，忘却名利地位与人的心神诱惑，达到恬淡虚无、少私寡欲、物我两忘的空明境界。没有外在事物对感官上的困扰，没有嗜欲贪婪之心对情志的摇曳，自然就不会去贪占伤害其他事物，这是一个"挫其锐"的过程，是从心身修养上讲如何成为得道的智者。

  其次，修道者面对日新月异、杂乱无序的客体世界外在具象特征时，要对其分门别类，使其条分缕析、纲举目张，然后让心身与之融为一体，思辨体悟其深层次的生化变迁之道。一旦人的心身思想行为脉动与客体世界的演化变迁大道合同为一体，能与天地万物共舞时，就意味着人在精神上和行为上真正进入"天地与我并生，万物与我为一"的玄妙境界。

故不可得而亲，不可得而疏，
不可得而利，不可得而害，
不可得而贵，不可得而贱。故为天下贵。

一个人一旦在道的认知实践过程中，精神与行为实现与宇宙万物演化大道合同一体，就会真正明白：一切红尘万象时空演化都是其"自然性分"使然，皆有其形而上的深层次必然性发生形成道机。所以任何存在，都有其合理性，无所谓对错，无所谓好坏。

人的意识达到这种境界，自然就不会对客体事物产生什么主观感情好恶，从而做出或亲近、或疏远、或利益、或损害、或尊贵、或卑贱等类似的情感思想行为选择。所谓"天地不仁，以万物为刍狗"，这是宇宙大道无私无偏的本性使然，而体现在人道上，就是"圣人不仁，以百姓为刍狗"。

得道之人，给自然万物充分自由发展的机会，让社会民主意识得以真正实现。由于天下万物得其荫蔽而皆遂其所愿，所以自然都非常珍重尊敬他。

【义理】

管理的最高境界，体现在管理者一方，是以化解一切负能量为宗旨，表现为"受国之垢""受国不祥""行不言之教，处无为之事"的担当奉献精神；体现在被管理者一方，则是自由思想，自由作为，人尽其才，"百姓皆谓我自然，帝力与我何有焉"的民主境界。

管理者要达到这种治理层次，认知上必须超脱红尘万象的感官困扰，让心神深入万物发生形成之道原理上，实现"天地与我并生，万物与我为一"的物我两忘空明境界。体现在外，就是"圣人不仁，以百姓为刍狗"的平等观，以及"无弃人""无弃物"的博爱观。如此，则自然"为天下贵"，成就圣王事业。

第五十七章

以正治国，以奇用兵，以无事取天下。吾何以知其然哉？以此：天下多忌讳，而民弥贫；人多利器，国家滋昏；人多伎巧，奇物滋起；法令滋彰，盗贼多有。故圣人云：我无为而民自化；我好静而民自正；我无事而民自富；我无欲而民自朴。

【释义】

以正①治国，以奇②用兵，以无事③取天下。

①正：纠错，纠偏，解决问题，使之在正确的道路上健康和谐发展。

②奇：罕见，少见，不轻易做。

③无事：这是从民的感受上说，感觉不到君王的存在。在君王来说，要做到这一点，一是清心寡欲，不与民争利；二是问题导向的治国思路，以为民解忧为治世原则；三是长而不宰，不干预民心，顺任其自然发展。

治理国家当始终以解决制约社会和谐发展、困扰民生健康的问题为最高目标，通过不断地纠错纠偏，使国家始终在正道上前行。

对于战争的态度，应该秉持不得已而为之的贵战少战态度，总以不战而屈人之兵为最高境界。

真正取得天下的标志是赢得天下民心，引得天下百姓归顺，要实现这一点，就得做到清心寡欲，不与民争利；以为民解忧为治世原则；不干预民意，顺任其自然发展，即所谓"生而不有，为而不恃，长而不宰"的与民"无事"原则。

吾何以知其然哉？以此：天下多忌讳，而民弥贫；人多利器，国家滋昏；人多伎巧①，奇物②滋起；法令滋彰，盗贼多有。

① 伎巧：伎，当作"知"，知巧，即"智巧"。意指人为主观地按照自己的私心欲望目的，对事物存在发展及过程进行扭曲改变。

② 奇物：不正常的事物，危害人类利益的事物。

为君之道当如此者，是因为从古至今漫长的人类文明长河中，总是不断重复演绎着这样的历史教训：

试图通过法律教令掩盖社会发展问题，压制民心不满，强迫人民高唱赞歌，以求得国富民强的"假象"，让国家进一步深陷贫弱动荡。

一个国家崇尚武力，不断强迫老百姓征战四方，那么其国力会日渐空虚，离灭亡越来越近。

人人都崇尚通过欺诈手段达到目的，则各种歪门邪道、伤害他人利益的事情就会不断滋生，从而引发社会动乱，伤及国体。

不从道德根本上教化人的思想理念，而仅仅试图通过烦琐的行为礼节以及法律教令来约束人，很难扼杀人性的贪欲及其投机取巧行为，因而盗贼也会不断涌现。

故圣人云：我无为而民自化；我好静①而民自正；我无事②而民自富；我无欲而民自朴。

① 静：从"青"，从"争"，青者，草木初生之色；争者，上下两手双向持引。会意指不受外在滋扰而坚守事物初生之道，引申为持守事物发生根本。

②事：从史，本意指官职，本文引申指通过官职权力占有控制事物。

所以，圣人反复这样告诫为国之君王：

当政者如果能够消解掉自己的主观欲望与见解，抛弃强权压迫统治理念，深入社会，体察民情，倾听民意，化解民所不欲，保障民主自由。老百姓就可以凭借自身的聪明才智，在求生欲望的促使下，稳健地推动社会文明不断进步发展。

当政者如果能够超脱事物外在具象的困扰，专注于事物内在发生形成原理的探索，以及问题根本的化解，并以此理念哺育大众，那么老百姓不用礼仪名教法令的约束，也可以自觉纠正自己心身行为偏颇之处，不断接近崇高的道德境界。

为政者不用职权侵占天下财富，则老百姓通过自己的辛勤劳动可以自然地富裕起来。

为政者没有对名利美色的羡慕贪占之欲，不因此而扰民，那么老百姓自然也会超脱红尘万象的迷惑，守住内心的宁静清纯质朴，淡然于功名利禄的诱惑，更不会为此而不择手段，伤害他人利益。

【义理】

翻开人类的文明发展史，总是可以看到，凡是防民之口甚于防川的时代，一定社会矛盾重重，危机四伏；凡穷兵黩武，连年用兵时代，这个国家必将快速走向衰亡；凡功利主义当道的时代，那么各种伤害老百姓利益的事情此起彼伏；凡过度崇尚礼法教令时代，各种欺名盗世之人反而会不断涌现。

所以，治国安民，当以史为鉴，坚持问题导向的现实施政原则，民主导向的未来发展原则，敦亲睦邻的外交国际关系原则，总以化解制约人类社会和谐进步发展的负能量为宗旨。而要实现这种济世安民的理念，统治者的垂范作用是关键，所谓上行而下效，上梁不正下梁歪。

第五十八章

其政闷闷,其民淳淳。其政察察,其民缺缺。祸兮福之所倚,福兮祸之所伏。孰知其极?其无正也。正复为奇,善复为妖。人之迷,其日固久。是以圣人方而不割,廉而不刿,直而不肆,光而不耀。

【释义】

其政闷闷①,其民淳淳②。其政察察③,其民缺缺④。

①闷闷:闷,会意兼形声字,从"心",从"门",心关在门内,本意指心情郁闷,引申为内心的欲念被压制,所以不表现出来,本文指统治者没有自己的私欲,所以没有因此而针对老百姓的强制性教令。

②淳淳:纯朴真诚,没有欺诈。

③察察:仔细看,如贾谊《道术》说:"纤微皆审谓之察。"引申为名目繁杂,巨细不漏,本文指统治者为张扬自己的主观欲念,给老百姓制定的烦琐强迫性教令。

④缺缺:《说文解字》说:"缺,器破也",引申为缺漏而不完整,本文指民风远离了淳朴真诚,欺诈侵凌横行。

统治者消解了自己的欲念，达到了"无为而治"的境界，就自然不会有针对老百姓的各种强制性教令。上行则下效，如此，老百姓自然也不会为一己之欲念去侵凌他人的利益。表现在社会关系上，就是民风淳朴，无欺无诈，社会安宁和谐。

如果统治者以自己的主观欲念"有为而治"，那么就自然会根据自己的感情意志以及利益取舍，制定教令，强迫老百姓去实行。而老百姓也是有样学样，想方设法，为一己之私，侵凌他人利益。表现在社会关系上，就是民风失朴，欺凌横行，社会动荡不安。

> 祸兮福之所倚，福兮祸之所伏。孰知其极①？

① 极：事物的尽头。

世间一切事物都存在着相互依存的对立矛盾属性关系，此消彼长，此长则彼消，这是事物内在道机原理的客观必然。

于人类而言，万丈红尘中，难免遇到灾难与不幸，但这种灾难与不幸很多时候并不是世界末日，若能沉心洞悉其中道理玄机，往往会发现其中正在孕育新的生机，而这种生机又是创造幸福的曙光。

同样，当一个人身处温柔乡、名登泰山巅时，也不能得意忘形，因为极致的幸福与祥和背后，往往潜藏着巨大的灾难与祸患风险，一个小小的疏漏或错误，就可能导致天翻地覆，从此走向一条不归路。

祸福总是相依相化，没有永恒的祸，也没有永恒的福，这是道的正反对立依存转化性自然规律使然，世人怎能知道和把握住其尽头？

> 其无正①也。正②复为奇③，善复为妖④。人之迷，其日固久。是以圣人方⑤而不割，廉⑥而不刿⑦，直而不肆⑨，光而不耀。

① 正：正，会意字，从"一"，从"止"，"止"于"一"，守"一"不变，引申为正确准则，本文作"定"解，意为不变如一，如《周礼·天官》："宰夫令群吏，正岁会，正月要。"

② 正，正确，本文指符合人类的生存利益的事物。

③奇，诡异，出人意料，本文引申为不合人类生存利益的事物。
④妖：邪恶。
⑤方：方正，棱角分明，本文引申为坚持信念原则。
⑥廉：锐利，锋利。
⑦刿：割伤。
⑧直：正直，坦诚，不藏私。
⑨肆：任性而为。

　　天下万事万物，无一静止不变。曾经符合道德的事物，或事物属性经过一定的时空环境影响，会变味变质，不复从前，走向相反；曾经有益于人类生存发展的事物，或事物属性，也会因随时空环境因素的变化而消磨殆尽，而其潜藏的损人利益的属性却被激发出来。

　　世俗之人观外而不查内，总是被事物的外象所困扰，不懂得其中的道理，面对变动不已、正反不定的事物，不知其演化路径，所以对未来充满了迷茫与困惑，不知道如何应对。

　　圣人面对世界，遵循知内达外的路径，不被事物表象所困扰，透过现象看本质，以解读其道，明白规律，由此走出一条顺从事物演化原理的文明创造模式。

　　圣人坚持的这种认知实践原则与法度，犹如方物之棱角，但从来不伤害事物本身，因为其始终不以自己的主观欲望去影响事物的演化，客体感受不到其影响作用的存在；又有如利刃一样直达事物根本，洞彻事物大道原理，却不会改变事物的本性，因为其始终顺应事物各自的道机原理思想行为。

　　圣人的这种思想品行，很坦率，很简朴，直击事物本心，但没有放肆妄为的味道。其智慧足以明了事物产生形成及其演化发展的内在原理及其规律，却从不向世人炫耀其能。

【义理】

　　国家的基础是人民，国家的宗旨是为人民服务。所以任何情况下，统治者必须时刻秉持民主主义精神，不可有丝毫违背民意之心，以奉一己之私来施政，这是人类文明进步发展对一国之主、对一切当权者的基本要求。

　　道是正反对立矛盾力量的依存转化统一体，这就决定了任何事物都是在对立矛盾属性的动态变化过程中存在，此消则彼长，此长则彼消，这是亘古不易的规律。所以，世人始终要有安不忘危的忧患意识、化险为夷的理想信念。特别是一国之主，身负天下苍生性命之托，一言一行关乎甚大，所以更要时刻洞察道的正反依存转化之机，为国泰民安排忧解难。

第五十九章

治人事天，莫若啬。夫唯啬，是谓早服；早服谓之重积德；重积德则无不克；无不克则莫知其极。莫知其极，可以有国；有国之母，可以长久；是谓深根固柢，长生久视之道。

【释义】

治人事①天②，莫若啬③。夫唯啬，是谓早④服⑤；早服谓之重⑥积德；重积德则无不克；无不克则莫知其极⑦。

①事：侍奉，应对。
②天：指除人之外的天地万物。
③啬：会意字，甲骨文字形，象粮食收入谷仓形，小篆从"来"，从"回"（lǐng）。来，小麦；回，仓库。本义指收藏谷物，本文引申指收敛感情意志。
④早：天将破晓，本义指太阳初起，本文引申为万物发生形成的根本道机。
⑤服：服从，顺服。
⑥重：重复，不断地。
⑦极：尽头。

君王无论治理人民，还是与其他天地万物打交道，没有比收敛消解自己私欲更为关键重要的事了。因为君王只有首先"虚其心"，收敛消解了自己的私欲之念，才会有客观全面接纳人民意愿的精神空间，进而在治国方略上完全契合人类文明进步发展的道机规律，创造更加美好的人类生存环境。

契合人类文明发生形成及其进步发展的道机规律，本质上是持守道的正反依存互化原理，不断解决制约破坏人类文明发生形成及其进步发展的负面因素，蓄养有利于人类社会文明发生形成及其进步发展的道德之性。

得益于人类文明进步发展道德之性的不断积累与蓄养，以及制约破坏人类文明进步发展负面因素的不断化解与减弱，人类就可以不断提高身心健康，快乐幸福地生活。

莫知其极，可以有国；有国之母，可以长久。
是谓深根固柢，长生久视之道。

人君若能效法道德以"治人事天"，使天地万物都拥有无限生机，自然会被天下苍生共同拥戴尊崇，可以成为一国之主。

一国之主，如果能不断收敛消解一己之私欲，坚持民生问题导向，以"为无为则无不为"这个实践原则去治国理政，那么横在人类文明进步发展道路上的负面能量被不断消解，正面能量自然会不断增强。在这样的国度里，老百姓不仅可以安居乐业，和睦共处，而且可以最大限度地发挥其智慧创造才能，推动人类文明进步发展，这样国家才可以长久存在下去。

因为统治者采用这种治国方略，就等于从人类文明诞生的原始根本之处培植其生生不息之机，加固其生命根基，这当然是保持人类文明长久、健康和谐发展的最好途径。

【义理】

民为国之本，所以人君治国必须始终坚持民主宗旨。要坚持民主宗旨，人君就必须无私无欲，而无私无欲的实践核心就是"啬"，即敛藏消解自己的主观欲念，唯其如此，才能真正张扬民意，体现民主。

人君敛藏消解了一己之私念，芸芸众生的好恶就真实体现出来，"为无为"自然就有了清晰准确的问题对象，生生之德也因此得以不断积累，民主精神不断发扬光大，百姓皆能安居乐业，这样的社会谁会心生不满？这样的君王谁又会不拥戴？这样的国家岂会衰亡？

第六十章

治大国，若烹小鲜。以道莅天下，其鬼不神；非其鬼不神，其神不伤人；非其神不伤人，圣人亦不伤人。夫两不相伤，故德交归焉。

【释义】

治大国，若烹①小鲜②。

①烹：用水烧煮。
②鲜：刚死去肉质保存完好的鱼。

治理泱泱大国，要想国富民强、长治久安，就得始终谨小慎微，按照人类文明和谐进步发展的内在规律自然推进，而不是根据统治者的喜好主观妄为。这就像炖煮小鱼一样，要小心翼翼，文火慢煮，切忌胡乱翻腾，如此才能色香味俱达上乘。这样的治国境界，只有时刻按照人类文明和谐进步发展的生生之道原理进行，才能真正实现。

以道莅①天下，其鬼②不神③；非其鬼不神，其神不伤人；非其神不伤人，圣人④亦不伤人。夫两不相伤，故德交归⑤焉。

①莅：本意指走到近处察看，本文引申为治理。
②鬼：本文指除人之外的祸国殃民之物。
③神：神通，体现事物功能属性的

征象。

④圣人：本文专指圣王，即秉持道德理念治国的国君。

⑤交归：汇合交聚在一起。

人君如果能够按照人类文明进步发展的生生之道原理治理国家，一切邪恶害人的东西就不会在老百姓这里显化其功能。邪恶的东西不会在老百姓这里显化其功能，不是说其本身丧失了害人的功能，而是因为在这样的社会氛围中，老百姓都能按照人类文明进步发展的道德原理行事，能自觉避开祸患，所以不会受到伤害。《道德经》第五十章"盖闻善摄生者，路行不遇兕虎，入军不被甲兵；兕无所投其角，虎无所用其爪，兵无所容其刃。夫何故？以其无死地"即是由此而言。

君王按照人类文明进步发展的生生之道原理治理国家，不只是一切邪恶害人的东西，不能再伤害老百姓，其本身也不会把一己之私加诸老百姓，进而伤害人民的利益。

邪恶害人的事物没有机会伤害老百姓，君王也不会去伤害老百姓，天地自然以及君王道德的生生之能都汇聚在人民身上，这样的国家何愁不能长治久安？

【义理】

人君治国之要义在于发扬民主、蓄养人类文明的生生之机。发扬民主、蓄养人类文明的生生之机的基础，在于人君"啬"其私欲，"虚其心"，不扭曲民心，不破坏民生，最大限度保障人民的言论思想自由，做到人尽其才、物尽其用。这就像厨子烹煮小鱼，要想色香味俱全，就需要小心翼翼，减少折腾，否则面目全非。

人君以此道德之心术治理天下老百姓，天下老百姓皆遵道德而生活。如此，万物共荣，君民同心，天下一家，天地之间还有什么东西能够伤害人呢？这样的国家还能不长治久安吗？

第六十一章

大国者下流,天下之交,天下之牝。牝常以静胜牡,以静为下。故大国以下小国,则取小国。小国以下大国,则取大国。故或下以取,或下而取。大国不过欲兼蓄人,小国不过欲入事人。夫两者各得其所欲,大者宜为下。

【释义】

大国者下流,天下之交,天下之牝。

大国和小国交往,应该像江河湖泊一样,保持谦下包容的胸怀。这样的大国会成为天下所有小国都愿意与之交往的国家。因为这样的国度于小国而言,如同慈母一样,能够让其得到荫庇与照顾。

牝①常以静胜牡②,以静为下。故大国以下小国,则取小国。小国以下大国,则取大国。故或下以取,或下而取。大国不过欲兼蓄人,小国不过欲入事人。夫两者各得其所欲,大者宜为下。

①牝:生物之母,如《说文解字》说:"牝,畜母也。"
②牡:生物之父,如《说文解字》说:"牡,畜父也。"

世人眼中，母性是无比伟大的，她永远不会向子女索取什么，更不会有对子女的压迫与伤害。在母性这里，万物得到的永远是宽容与包容、奉献与慈爱。在子女眼里，母性的这种独特胸襟是一种充满温馨感与安全感的娴静，永远让人心醉神迷，是一方可以让心灵遮风挡雨的港湾。母性也正是依靠这种独特的娴静无私胸襟赢得雄性的尊敬与追求。母性娴静无私的胸襟特征是博爱、奉献，本质是谦下包容，如江河湖泊一样，可以纳百川之流。

同样，如果一个大国能够像母性一样秉持这样的谦下包容品格来对待小国，就一定可以赢得小国的诚心拥戴；而小国如果能够以谦下包容品格来对待大国，就一定可以赢得大国的诚心关照与荫庇。所以有些情况下，谦下包容的品格可以赢得别人的崇敬与拥戴；有些情况下，谦下包容的品格可以取得别人的关爱与荫庇。

大国放下身段和小国交往的目的在于蓄养更多老百姓，小国心悦诚服与大国的交往目的在于得到大国的帮助，双方都能从谦下包容的外交关系中获得各自所需。当然，在大国与小国的交往中，大国始终占据主导地位，所以大国首先应该做到谦下包容，这样才能让小国心甘情愿地做到谦下包容。

【义理】

在同一块土地上，面对共同的困难，想要生活得更好，人与人之间不仅需要交往，更需要无间合作，以各尽所能，相互协调，相互帮助，实现各自利益的最大化，而在这一过程中，最忌讳的莫过于恃强凌弱。

同样，国与国之间，或因为自然地理因素，或因为人文社会利害关系，也必须相互来往，互通有无，各取所需。守道德的大国和小国交往的目的在于蓄养更多老百姓，以便更广泛地造福人类；守道德的小国与大国的交往目的在于得到大国的帮助，以便更好地生存下去。而国与国之间的交往同样最忌讳恃强凌弱，最需要谦下包容，特别是国际关系的主导者大国一方，更需要首先做出表率。

第六十二章

道者，万物之奥。善人之宝，不善人之所保。美言可以市尊，美行可以加人。人之不善，何弃之有？故立天子，置三公，虽有拱璧以先驷马，不如坐进此道。古之所以贵此道者何？不曰：求以得，有罪以免邪？故为天下贵。

【释义】

道者，万物之奥①。善人之宝，不善人之所②保。美③言可以市尊，美行可以加人。人之不善，何弃之有？

①奥：本意指房屋的西南角，为祭祀时设神主居坐之处，古人认为神为天地万物之主，本文据此引申为主宰之意。

②所：形声字，从"斤"，斤，斧子。本义指伐木声，如《说文解字》："伐木声也。"引申为砍伐、废除，本文意为抛弃。

③美：本文意指合乎道。

气在道的推动作用下，化合成宇宙万物，所以道是宇宙万物的缔造者与主宰者。善良的人把道当作宝贝一样来珍惜，始终按照道德原理来主导思想行为；而不善良的人却抛弃背离了道，胡乱肆意妄为。

合乎道德的言教可以换来别人的敬重，合乎道的行为可以招引别人附顺。那些不善良的人为什么要抛弃道、远离道呢？

故立天子，置三公①，虽有拱璧②以先驷马③，不如坐④进此道。古之所以贵此道者何？不曰：求以得，有罪以免邪？故为天下贵。

①三公：先秦官职名，指太师、太傅、太保。
②拱璧：双手捧着贵重的玉。
③驷马：四匹马驾的车。
④坐：本意指古人双膝跪地，把臀部靠在脚后跟上，本文指跪行，如《左传·昭公二十六年》："坐行而入"，即"膝行也"。

所以在天子即位、设置三公等重大典礼仪式的时候，与其隆重举行拱璧在先、驷马在后的献礼仪式，还不如以道作为"献礼"更加有价值。

自古以来，圣人之所以把道看得这样宝贵，是因为按照道的原理行事，就可得到其所需要的东西。即便犯了错误，也可以根据道德原理及时纠正。正是因为此，天下人才需要高度珍视道。

【义理】

道是天地万物的缔造者、主宰者，所以真正的智慧善良之人，一定把道看得无上珍贵，凡事力求合乎道德；而不善良之人的思想行为总是背离道德。

合乎道德的思想言行不仅可以赢得世人的敬重与追随，而且还能创造生生不息的伟大事业；背离道德的思想言行不仅让世人唾弃与叛离，而且还是使人走向失败的罪魁祸首。特别是为政一方，肩负重大社会责任的王侯将相，珍视道德远比珍视财宝更具价值。

第六十三章

为无为。事无事,味无味。大小多少。图难于其易,为大于其细。天下难事,必作于易,天下大事,必作于细。是以圣人终不为大,故能成其大。夫轻诺必寡信,多易必多难。是以圣人犹难之,故终无难矣。

【释义】

为无①为。事无事,味无味。

① 无:通"毋",禁止,不希望发生事情,如《尚书·洪范》:"无偏无党,王道荡荡。"下同。

世间万事万物都在具有各自特征的对立矛盾属性关系中存在,此消则彼长,此长则彼消,这是道对立矛盾依存转化机制的必然外在体现。

道家正是基于这种哲学认知,强调消此以长彼,化反以从正的实践路径,认为无论做什么事情,清除拦路虎是最根本的,唯其如此,预期的理想目标才能自然顺利实现。

同样,作为统治者,作为一国之君,治国理政的根本是及时化解人民厌恶反感的,不利于老百姓生存的事物,营造一个足以保障人民能够按照自己意愿来创造精神文明和物质文明的良好自然社会环境。这就如同生活中,要想烹调一桌美味可口的大餐,首先需要解决的问题,是那些不合人们口感的怪异味道。

大小多少。图难于其易,为大于其细。
天下难事,必作于易,天下大事,必作于细。
是以圣人终不为大,故能成其大。
夫轻诺必寡信,多易必多难。
是以圣人犹难之,故终无难矣。

  根据道的正反依存互化原理,化解制约事物产生形成及其发展壮大的因素,是保证目标实现的前提基础。在此基础上,促进事物正面属性的发展壮大,则是理想路途上需要做的第二件事,所谓"道生之,德蓄之,物形之,势成之",即是为解决这个问题所提出的原则性方案。

  万物皆由微末之气不断聚合而化生,这是一个从少到多、自小而大、以简构繁、由微达显的演化变迁过程。亦即天下复杂的、难度大的事物,都是由简单的、容易的事物逐渐积累而成;天下的大事都由诸多微末小事不断汇集而来。

  所以,要完成复杂、难度大的事物,最好的办法就是逆推还原关注其最初发生时的简易状态,从其始生之机开始培育图谋;要做成影响深远的大事,最好的办法是从微末细小之事开始一件件做起。圣人正是基于这种逻辑认知,在日常生活中,不好大喜功,不急功近利,而是始终从细微简易根本处着手,最终积小而成大。

  那些过度自负,目空一切,认为天下尽在掌握中,随口狂妄诺言的人,最终一定会失败失信。因为宏观世界高度复杂,宇宙万象瞬息万变,试图谈笑间樯橹灰飞烟灭的想法完全脱离实际,结果只能是头破血流,铩羽而归。而圣人处事总是看重困难,谨小慎微,从困难发生形成的源头处探索解决问题的方法,所以最终反而没有不能克服的困难。

【义理】

  世间万事皆有对立矛盾属性两端,化解了负能量,消除了令人厌恶反感的一方属性，剩下的自然就是人们所期待的。进一步看，凡事皆有其发生形成的过程，这是一个自小到大、由简入繁、由弱到强的渐进演化过程。

显然，要解决问题，应该选择其刚刚萌芽时就果断出手，否则越往后拖，其能量越大，解决起来越困难，甚至到一定程度，病入膏肓之时，任凭多大本事，也无力回天。

第六十四章

其安易持,其未兆易谋。其脆易泮,其微易散。为之于未有,治之于未乱。合抱之木,生于毫末;九层之台,起于累土;千里之行,始于足下。为者败之,执者失之。是以圣人无为故无败,无执故无失。民之从事,常于几成而败之。慎终如始,则无败事。是以圣人欲不欲,不贵难得之货;学不学,复众人之所过。以辅万物之自然,而不敢为。

【释义】

其安①易持,其未兆易谋②。其脆易泮③,其微易散。为之于未有,治之于未乱。合抱之木,生于毫末④;九层之台,起于累土⑤;千里之行,始于足下。

①安:会意字,"女"在"宀"下,表示无危险。

②谋:考虑,谋划,商议出办法。

③泮:通"判",分离。

④毫末:细小的萌芽。

⑤累土:堆土。

道的正反依存消长互化性决定了事物宏观属性的对立矛盾转化性。事物一方属性在发展壮大过程中,其道的推动能力不断减弱,与此同时,推动事物朝相反方向演化的动力不断增强。相应地,与之完全对立的另一方事物属性开始逐渐显现并由弱变强。显然,事物或事物的负面属性越弱小，就越容易化解处置，因为其时化生形成这种事物或事物属性的内在道机因素尚处在弱小状态。

所以，无论任何事物，其潜在的负面风险因素在没有形成时，是最稳定最容易持守的。事物负面风险因素已经形成，但是还没有在事物外在征象上表现出来的时候，如果能未雨绸缪，仍然容易找到化解办法。事物反面属性在不断壮大增多的内在风险因素推动下，开始初步显现出来，但尚未稳定下来时，也相对容易解决。事物反面属性处于刚刚形成、仍然比较微弱的时期，是化解消灭的最后机会。

合抱大树，生长于细小的萌芽；九层高台，筑起于每一堆泥土；千里远行，是一步步走出来的。世间万事万物的发生形成，都必然会经历由小到大、由少到多、由弱到强的演化过程。所以，把精力始终放在事物潜在不显的负面风险因素化解上，在事物的负面属性还未强大为祸之前及时解决，这是任何时候，做任何事情，人们都应该始终秉持的基本原则。真正的智者，总是防微杜渐，将问题解决于萌芽时期，防患于未然。

为者败之，执者失之。
是以圣人无为故无败，无执故无失。

生活中，如果不懂得事物反面属性产生形成及其发展壮大的必然性及其原理，一味迷恋于事物的正面属性，急功近利，不择手段地去攫取贪占，那么最终必然会失败，即便暂时得到了，也最终会失去。

道家圣人深明其中道理，所以从不为一己之私而处事，始终不会有欲而不得的挫折；从不为贪占名利而奋斗，始终不会有得而复失的风险。而是专注于事物负面属性及其问题根源的解决，当制约事物正面属性产生形成的各种不利因素化解之后，则人们欲望中的理想与目标自然得以实现。

民之从事，常于几成而败之。慎①终②如③始④，则无败事。是以圣人欲不欲，不贵难得之货；学不学，复众人之所过。以辅万物之自然，而不敢为。

①慎：本义指谨慎、慎重，本文指不急功近利而妄为。

②终：终了，结束，与"始"相对，本文指想最终实现达到的理想目标。

③如：同"若"，本义为遵从，依照，引申为选择，解决，意同"大智若缺""大智若愚"之若，帛书甲乙本、简本正作"若"。

④始：本义为开头，开始，引申指根本，本文指生化万物之道的反面作用。

    世人很少懂得道的正反依存互化互制性，及由此决定的事物正反属性的依存转化规律，只是一心向往眼前的名利色彩，想尽一切办法去摄取，却完全不知道名利色彩背后尚潜藏着对应的制约毁灭因素。更不晓得这些负面因素随着时间推移还在不知不觉中增多增强，以及事物正面属性发生形成因素的减少减弱。

    所以，事物任其自然发展，往往总是在其一方面属性接近大成时，相应的负面动能也蓄积到最强。这个时期，事物非常容易发生彻底逆转，所谓功败垂成，近在咫尺的追求突然如海市蜃楼般烟消云散。

    而在生活中，如果不贪图名利，不妄作为，始终持守事物萌芽初生时期的道机状态，尽一切手段化解阻碍事物成长的反面道机因素，保护和培育促进事物成长的生生之机因素，就能够使其始终沿着世人所期待的方向发展，而不会有功败垂成的风险。

    圣人正是基于这种事物发生学原理认识，把心思放在化解世人厌恶反感的事物上，没有对珍稀事物的贪婪觊觎之心，更不会急功近利，不择手段获取它。生活中，总是潜心研究世人所不懂的事物，努力纠正世人因为无知而犯的错误。圣人这样做的目的，是志在帮助世人所期待的事物能够自然顺利形成，而不是以功利之心去主观妄为、巧取豪夺。

【义理】

"慎终如始"句,前贤多解"慎"作"谨慎","如"作"象",全句译为谨慎收尾,如同开始时一样,指始终要谨慎从事。这种解释与前后文缺乏文义以及逻辑上的贯通性。

笔者认为,句中"慎"当作"不急功近利而妄为"解;"终"当作"理想目标"解;"如"当作"若",考帛书甲乙本皆作"若",意同"大智若缺""大智若愚"之"若",作"化解、解决"解;"始"当作"始初、根本"解。

全句意思是不急功近利,不妄作为,而是始终持守事物萌芽初生时期的道机状态,根据道的对立制约依存互化原理,坚持化反从正的实践原则,将事物的反面属性及其形成因素化解在最初的萌生阶段,这样事物就可以顺利地沿着世人所期待的目标发展,直至最后成功地抵达理想的彼岸,这也是本章内容所表达的核心观点。

第六十五章

古之善为道者,非以明民,将以愚之。民之难治,以其智多。故以智治国,国之贼;不以智治国,国之福。知此两者亦稽式。常知稽式,是谓玄德。玄德深矣、远矣,与物反矣,然后乃至大顺。

【释义】

古之善为道者,非以明①民,将以愚②之。

①明:清晰明亮,与"暗"相对,世人喜明而恶暗,本文据此借指一切世人喜欢想要得到的事物。

②愚:形声字,从"心",从"禺(yù)","禺"亦声,"心"指心智,"禺"意为"山的角落","心"和"禺"联合起来表示将心思放在偏僻阴暗之地,本文借指一切世人厌恶不欲的事物。

古代擅长以道治国安民的人君,不是教育世人去沉迷美色享受、争夺名利、掩饰缺点、自作聪明、自我标榜、自我夸耀、一味执着于利害取舍而不可自拔。而是根据道的正反依存互化原理,教育世人潜心探索事物内在发生形成原理,持守化反从正实践路线,不断化解那些阻碍破坏事物发展的负面因素,为事物朝人们的理想目标发展创造足够好的时空条件。

这样的思想行为表现在外，就是不困扰于外在感官所得，执意于化解事物负面属性，不断寻找自身不足，永远谦虚谨慎，不争夺名利，超然物外，与世无争，在世俗观念中，这是愚人的典型表现。

民之难治，以其智[①]多。
故以智治国，国之贼；
不以智治国，国之福。
知此两者亦稽式。常知稽式，是谓玄德。玄德深矣，远矣，与物反矣，然后乃至大顺。

[①] 智：会意字，从"知"，从"日"，日者，光明之象，人之所向往，"知日"曰"智"，意指求得向往事物的智谋，本文指投机取巧性质的谋略。

国家之所以不得安宁，老百姓之所以不服从管理，是因为世人不懂事物内在道机的正反依存互化原理，从不顾及事物反面属性的存在发展，而是一味考虑自身利益的维护与摄取，投机取巧，不择手段，相互欺凌，这样的社会自然不得安宁，这样的国家自然不能长治久安。

所以崇尚享乐、崇尚名利，鼓励不劳而获，鼓励不择手段，鼓励投机取巧，以此理念作为治国精神，那么这个国家一定会发生灾难。相反，如果摒弃急功近利、投机取巧欲念，而以化解民生问题障碍为原则来治国，那么国家自然就会安宁下来、富强起来。所以，抛弃功利主义的治国思想，坚守问题主义导向，这是两条治国安民必须时刻持守的法则。

能永远记住并秉持这个法则治国安民，就可能达到道德治国的至高无上境界。这种境界是非常奥妙的，意境深远，其基本特点就是着力化解负能量，消除世人所不欲的事物属性，只有这样，才能通向国富民强、国泰民安的大顺境界。

【义理】

对"非以明民，将以愚之"一句的理解，历来分歧很大。一种观点认为，这是典型的愚民思想，目的在于为统治阶级的残暴统治保驾护航。还有一种观点认为，这句话的意思是希望人们不要投机取巧，要保持质朴淳厚的人性。前者直接将"愚"作"愚蠢"解，"明"作"智慧"解；后者将"愚"作"淳朴"解，"明"作"投机取巧"解。

笔者认为，这里的"明"是借指一切世人喜欢想要得到的事物，"愚"是借指一切世人厌恶不欲的事物。《道德经》二十章"众人熙熙，如享太牢，如春登台；我独泊兮，其未兆，如婴儿之未孩，儽儽兮，若无所归。众人皆有馀，而我独若遗。我愚人之心也哉！俗人昭昭，我独昏昏。俗人察察，我独闷闷。澹兮其若海，飂兮若无止。众人皆有以，而我独顽且鄙"即是描述世人眼中的这种"明""愚"之别。

享受物质，沉醉美色，骄傲自满，自我夸耀，争名夺利，一心专注于事物外在，这些都是"明"的体现；专注于事物内在原理研究，超然物外，自省自纠，谦虚谨慎，淡看名利，专心于事物阴暗之性的化解，这些都是"愚"的体现。

基于这种看法，说本章内容体现了愚民思想完全是无稽之谈。相反，这是告诉世人什么才是真正的大智慧，怎样做才能成就真正不朽的事业，所谓"大智若愚"正是形容这一特征。

第六十六章

江海之所以能为百谷王者,以其善下之,故能为百谷王。是以圣人欲上民,必以言下之;欲先民,必以身后之。是以圣人处上而民不重,处前而民不害。是以天下乐推而不厌。以其不争,故天下莫能与之争。

【释义】

江海之所以能为百谷王①者,以其善下之,故能为百谷②王。

①王:归往,如《说文解字》说:"王,天下所归往也。"
②谷:山涧流水处,如《尔雅·释水》说:"水注溪曰谷。"

百谷之水最终都汇聚到大江大海之中,大江大海之所以能受纳容接百谷之水,是因为大江大海所处的位置比它们都低下。

是以圣人欲上民，必以言①下之；欲先民，必以身后之。是以圣人处上而民不重，处前而民不害。是以天下乐推而不厌。以其不争，故天下莫能与之争。

①言：说话，言语，引申为教令。言为心声，反映的是人的主观意识。

江河湖泊之低，为世人所厌恶，但却引得百谷之水归往，成就容纳天下之水的情怀，是因为这种低下之势，正好符合水流汇聚之道。

人以生为本，人之生，有赖于精神情志的顺畅以及物质生活的丰富。所以圣人要想引领天下，成就春秋伟业，其思想言行必须合乎人民的生生之道，能够像江河大海受纳百谷之水一样，吸引万民来朝。

具体而言，一要时刻倾听百姓呼声，让民意畅通无阻，按照民意去做事，解民之所忧，助民之所愿，切不可把自己的私欲以教令的形式强行加之于民；二要置心身于民之所不欲，尽力解决羁绊人民利益发展的问题所在，为老百姓创造获取物质精神财富创造最好的条件，不与民争利，奉献在先，索取在后，由此，老百姓才甘愿让其管理大社会，拥戴其作为国之君王。

圣人治世，达到这种境界，虽然贵为一国之君，老百姓却感受不到其压抑；虽然引领着老百姓，但老百姓却从来不会有利益受损的感受。所以，天下老百姓都始终心甘情愿地推戴其作为领袖，让其管理治理国家。圣人既不扭曲民意，也不与民争利，只是一心为人民服务，人民自然心安情愿拥戴其作领袖，这种情况下，天下谁又能争得过他呢？

【义理】

物以类聚，人以群分，万物之间相互亲近的基础是同气相求。对于人类社会而言，这个"气"就是价值理念以及利害取舍的互容乃至一致性。

水可载舟，亦可覆舟。人君要想实现其理想价值，就必须得到天下老百姓的拥戴，而这个基础就是人君的理想价值本身是天下老百姓的愿念，人君的利害取舍就是天下老百姓的利害取舍。

要实现这一点，前提基础就是人君首先要消解自己的私欲。只有天下老百姓感觉不到人君在思想情感上的压迫扭曲、物质利益上的损害压榨时，才能真正从心灵深处拥戴其社会地位。

第六十七章

天下皆谓我道大，似不肖。夫唯大，故似不肖。若肖，久矣其细也夫！我有三宝，持而保之：一曰慈，二曰俭，三曰不敢为天下先。慈，故能勇；俭，故能广；不敢为天下先，故能成器长。今舍慈且勇；舍俭且广；舍后且先；死矣！夫慈以战则胜，以守则固。天将救之，以慈卫之。

【释义】

天下皆谓我道大，似不肖①。夫唯大，故似不肖。若肖，久矣其细也夫！

①肖：相似，相像。

天下人都说我讲的道似乎无所不在、无所不能，但现实中又好像没有任何与之完全相类似的事物实例。正是因为道无所不在、无所不能，宇宙万千之象皆因道而成，所以如果只从万物外在征象分析，每个事物的发生形成及其演化变迁之道各具特征，无一雷同，永远无法给道一个具体的、有明确时空属性特征的定义描述。

因为任何具有明确规律特征的、可区别定义描述的概念，只是针对具体个别事物而言的，没有普适性。道的观念如果仅仅局限在个别事物范畴，就不能解决或说明其他事物，参考借鉴价值很小，恐怕老早就被世人淡忘了。

> 我有三宝,持而保之:一曰慈,二曰俭,三曰不敢为天下先。
> 慈故能勇;俭故能广;不敢为天下先,故能成器长。
> 今舍慈且勇;舍俭且广;舍后且先;死矣!
> 夫慈以战则胜,以守则固。天将救之,以慈卫之。

秉持共生共荣精神道德准则处事的人,一生执守三件"宝贝":一是慈爱,二是节俭,三是不敢把个人的意志情感强置于天下人意志情感之前。

慈爱的本质就是关心他人,尽自己所能让他人生活更幸福。幸福的本质是情感意志的调畅与物质生活的富足。要让人民真正获得幸福,就必须最大限度地解决那些制约情感意志调畅及物质创造获取的负面因素。只有秉持慈爱信念的人,才会为解决这些民之所不欲的自然社会问题义无反顾,承担责任,勇往直前。

俭啬的价值体现在两个方面,一是减少感情欲望,以避免过度的心神精气耗费,保持自身的生命健康,只有身心健康的人才能更好地去为他人做更多的有益之事;二是减少占有欲望,避免对他人心身利益的侵凌损害,这样才能最大限度地让更多的人获得情感意志及物质生活的满足,促进天下大治。

一个不计较个人名利得失,淡化自身感情好恶,时刻把他人意愿利益放在最重要位置上,并甘愿为之奉献的人,才能赢得他人发自内心的推崇与拥戴,成为无可争议的社会领袖。所以,只有以慈爱之心为前提的勇敢无畏才能对人类社会有益,没有慈爱的勇敢,往往只是对他人对社会利益的伤害。

要想富裕必须以俭啬为前提,没有自我心身欲望的克制,一味强求财富的占有,最终反而什么都得不到。无私奉献是成就人生价值、赢得天下人拥戴的前提,没有自我牺牲精神,不顾他人感受,事事以自己利益为考量出发点,结果只会招致世人的离弃与反抗。

悋念天下苍生生死,心怀慈悲之心,秉持这样的目的,冲锋陷阵,征讨邪恶,化解厄难,会得到天下苍生最大限度的理解与支持,因而战无不胜；守护疆土，守护社会，因为万众一心，同仇敌忾，所以能固若金汤，万无一失。

三"宝"中，以生生之德为宗旨的慈爱怜悯之心是根本，是基础。俭啬、不敢为天下先，都是慈悲怜悯之心的必然实践途径。一个没有慈悲怜悯心肠的人，不会有合乎道德规范的俭啬之心，更不会有大公无私的奉献精神。所以，一个人要想得到天道的救赎和保护，那么首先得拥有一颗爱怜天下苍生的慈悲之心，这是一个前提。

【义理】

天地万物均有各自独特的发生形成及其演化变迁机能原理。而道正是基于天地万物发生形成及其演化变迁共同性机能原理指向的哲学观念。生活中，如果只是试图基于某一事物来定义天地万物共同的道性特征，那么这个道的观念体始终是不完整、不准确、不具有普遍性的。

世人怎样做才算从根本上守住了人生之道呢？一是要以慈爱之心为其一切思想行为的出发点；二是以俭啬自己的私欲为其一切思想行为的基础；三是切忌把自己的主观意志强加于人，坚持先人后己的实践原则。如此方可营造和谐共容、其乐融融的社会环境。

第六十八章

善为士者,不武;善战者,不怒;善胜敌者,不与;善用人者,为之下。是谓不争之德,是谓用人之力,是谓配天古之极。

【释义】

善为士者,不武;善战者,不怒;
善胜敌者,不与;善用人者,为之下。

优秀的管理者,总是通过解决问题、化解困难赢得属下的拥戴,而不是以权势暴力方式胁迫下属听从其命令。

优秀的战士在对敌当中,绝对不会有愤怒情绪,这样才能理智敏锐地把握战机,取得胜利。

最高境界的胜敌方式,是不战而屈人之兵,而不是短兵相接,攻城略地,流血漂橹,即所谓"百战百胜,非善之善者也,不战而屈人之兵,善之善者也"。

善于用人者,不仅具有知人之明,善于发现别人的优点,善于创造让别人发挥才能的环境,更具有自知之明、洞彻自身的优缺点,因而始终虚心谦下包容,从不颐指气使。

是谓不争之德,是谓用人之力,是谓配天古之极。

"知其雄而守其雌","知其荣而守其辱","知其白而守其黑",这种"处众人之所恶",以化解负能量、解决问题为导向,秉持"为无为则无不为"的处事方式,可以称得上达到"不争"而实现目的的最高道德境界了,可谓是最高的用人智慧,因为这样的行事方式才算真正契合了正反依存互化这个亘古不变的道机规律。

【义理】

化反从正,是道家人生理想实践的最高境界。

如管理的目的是让人服从,但管理的最高境界不是刻意控制人、压迫人,而是通过化解被管理者所关心的利益问题,让被管理者心悦诚服。

和人争斗是为了保护自身利益,而争斗的最高境界是心平气和、理智冷静,及时准确发现对方的缺陷虚弱之处,进而抓住战机。

战争的目的是让对方顺从自己,但战争的最高境界不是杀死敌人,而是不战而屈人之兵。

用人是为了更顺利地实现自己的理想,但用人的最高境界不是领导别人、炫耀己能,而是让其能够最大限度地施展其才华。

第六十九章

用兵有言：吾不敢为主而为客；不敢进寸而退尺。是谓行无行；攘无臂；扔无敌；执无兵。祸莫大于轻敌，轻敌几丧吾宝。故抗兵相若，哀者胜矣。

【释义】

用兵有言：吾不敢为主而为客；不敢进寸而退尺。是谓行无行①；攘②无臂③；扔无敌，执无兵。

①行无行：行，本意指道路，引申为行走，行为。本句前者用其引申义，后者用其本意。

②攘：指用手握住对方伸过来的手并反推回去，本文引申为反击战胜对手。

③无臂：没有手臂，本文引申为缺少战斗力的士兵。

兵法上有这样一句话，说"两军对垒，首先不是去想怎样主动进攻战胜对方，而是考虑敌人进攻、我方不利时如何防守；不是首先去想怎样占领摧毁对方的阵地，而是考虑对方进攻占领我方阵地时如何组织有效的退防"。

这就是说，一场战斗首先要思考的是，在战争失利、身处绝境的情况下，怎样创造一条生路；在己方兵力不足情况下，如何有效反击战胜对手；在不可力敌敌人的情况下，如何摆脱对方的纠缠追击；在弹尽粮绝的情况下，怎样做才能绝处逢生。

祸莫大于轻敌，轻敌几丧吾宝。故抗兵相若，哀①者胜矣。

①哀：本义为悲痛、悲伤，本文引申为失败的情绪。

战争中，最大的灾祸是低估对方的能力与实力，高估己方的能力与实力。狂妄自大，轻敌冒进，几乎等于丧失了己方赢得战争胜利的基本法宝。

两军对垒，如果双方实力旗鼓相当，那么，必然是高度重视对方实力与能力，高度重视己方在天地人时各方面的不足，提前做好各种不利局面的预防，即要做到"先为己之不可胜，而待敌之可胜"这种背水一战的心理准备，所谓祸莫大于轻敌。

【义理】

战争明面上的决定因素在于兵员的多寡以及武器的优劣，但这个问题是客观因素，很难一时改变。战争更深层次上，体现的是战略战术，这个问题是主观因素，因此具有很大的可塑性。

一场旷日持久的战争，决定胜负的往往不是一时的客观实力，而是战略战术的选择。而在战略战术问题中，一个关键的环节是化解对己方不利的因素，创造、利用对己方有利的因素。

这其中，一个根本的问题，首先是尽可能发现己方的薄弱不足之处，然后想方设法弥补，或防范、避免被敌人利用，寻求绝处逢生化险为夷之法。要知道托大轻敌是兵家大忌，因为决定战争胜负的关键在于是否能够恰当地化解自身的弱点、发现敌方的弱点并制定合理的战略战术方法。

第七十章

吾言甚易知，甚易行，天下莫能知，莫能行。言有宗，事有君。夫唯无知，是以不我知。知我者希，则我者贵。是以圣人被褐而怀玉。

【释义】

吾言甚易知，甚易行。天下莫能知，莫能行。
言有宗，事有君。夫唯无知，是以不我知。
知我者希，则我者贵。是以圣人被褐而怀玉。

我的观点其实很容易懂，也很容易实行，但遗憾的是天下没有人愿意了解，也没有人愿意实行。

我的每个观点都有内在的逻辑根据，我倡导的每种思想行为也都有深层次的理由。但是世人不了解这一点，所以无法理解接受我的这些思想言行。

这个世界上能真正理解我思想言行的人很少，而能按照我的思想言行去面对世界的人就更难得了。

这就像"和光同尘"的圣人，虽然穿着毫不起眼的粗布衣服，常被世人所忽视，但谁又能知道、想到他的怀里却揣着稀世美玉呢。

【义理】

　　大道至简，大道至朴，道的原理规律并不复杂，但是对于绝大多数习惯于仅仅以感官认知世界的形而下至上的世俗之人来说，他们很难理解、接受这种抽象无形的形而上知识。这其中根本的原因恐怕在于人性的贪念吧。

第七十一章

知不知,尚矣;不知知,病也。圣人不病,以其病病。夫唯病病,是以不病。

【释义】

知不知,尚①矣;不知知,病②也。

①尚:同"上",尊崇,这里指智慧贤能之人。
②病:疾病,这里指无知者潜藏风险灾祸的人生。

能时刻反省自己,并关注自己无知不足之处的人,无疑是上等智慧的人。因为这是弥补缺陷、改正错误、防范风险、提高自身素质、保护心身健康、成就事业的前提基础。

本来无知不懂,却自以为知、自以为是的人,就像一个得了疾病,却又不知自己生病的患者,其人生潜藏着巨大的风险灾祸,随时可能会发难。

圣人不病,以其病病。
夫唯病病,是以不病。

圣人的生活之所以不会有灾祸风险，事业之所以能够功成名就，是因为他总是高度关注自身知识、能力以及心身的缺陷不足，并不断反省、纠正、弥补这些问题，所以能够防患于未然。

孔子《论语·为政》曾说："知之为知之，不知为不知，是知也"，世人之中，只有能够客观直面、反思自己优缺点，并能及时查漏补缺的人，才不会遇到各种灾难风险，这样的人也才能称得上是走在健康道路上的人。

【义理】

世人绝大多数都是在不断地评判别人，指责别人的缺点，又不断地炫耀自己的优点，显摆自己的聪明，很少有人能够认真反思自身的缺陷与不足。而直面自身的缺陷与不足，且能勇敢改正、弥补自身缺点与不足的人更是凤毛麟角。

圣人之所以是圣人，与众不同之处就在于不仅能够深刻反思自身的缺陷与不足，更能够勇敢改正、弥补自身的缺陷与不足。至于认知与评判自身的标准，自然是其心身思想行为是否符合基于天下共荣共生的道德原则。

第七十二章

民不畏威，则大威至。无狎其所居，无厌其所生。夫唯不厌，是以不厌。是以圣人自知不自见，自爱不自贵，故去彼取此。

【释义】

民不畏威，则大威至。

老百姓感知不到统治者权威的压迫，却能自觉严守社会规则。这样的国家自然能长治久安，这样的社会必然和谐安宁。老百姓在这样的环境中，当然也能安居乐业。如果统治者达到这种无为而治的境界，老百姓自然心满意足，诚心拥戴，其权威当然也是至高无上、不可被挑战的。

无狎①其所居，无厌②其所生。夫唯不厌②，是以不厌③。

①狎：通"狭"，压迫、逼迫之意。
②厌：读"yā"，同"压"，一物压在另一物上，如《汉书·五行志下之上》说："地震陇西，厌四百余家。"
③厌：读"yàn"，憎恶、嫌弃之意。

统治者不用律法约束，不以暴力胁迫，老百姓按照本心自然生活，相互和平相处，彼此相帮相助，这种不治而大治的境界是权威的最高水平。那么现实中如何具体落实？道家认为首先要做到两点：

一是不要破坏滋扰老百姓的生活环境，因为人们赖以生存的衣食住行离不开生活环境；二是不要伤害老百姓的身心健康，因为求生谋生是人类智慧文明最根本的追求，是世人的一致期盼。

统治者只要不以自己的感情好恶以及意志观念去妨碍伤害老百姓的生存，老百姓自然不会有对统治者的厌恶反感乃至反抗叛乱。

是以圣人自知不自见，自爱不自贵，故去彼①取此②。	①去彼：指舍去"自见""自贵"。 ②取此：取"自知""自爱"。

圣人虽然胸怀治国安邦、安济天下苍生的宏图大愿，清楚自己的理想是什么，但是却不功利，不直接体现出来，老百姓感觉不到。因为其实现这一理想的途径不是靠武力征服、律令胁迫，而是通过不断化解天下苍生所不欲，进而赢得天下苍生拥戴归往。

同样，圣人虽然也爱惜自己的生命利益，但是不会将其凌驾于老百姓生命利益之上，老百姓没有感觉到自身生命利益被侵犯。因为其追求生命利益的途径，不是从老百姓那里强取豪夺，而是通过服务于民，化解民所不欲，而赢得老百姓的自愿奉献。

所以，圣人始终按照道的造化原理，秉持化反从正的处事原则，求得自身价值及其利益追求的实现。

【义理】

圣人总是根据道的正反对立依存转化原理，专心化解制约人民利益创造获得的自然社会问题。让老百姓按照自己的自然本心，创造聚集物质精神文明财富，彼此相帮，互不侵凌，和谐相处，安居乐业，而不是强迫老百姓按照自己的意愿去生活工作。这样的治国理政方式，自然就会得到老百姓全心全意的拥戴，成就无上威望。

第七十三章

勇于敢则杀，勇于不敢则活。此两者，或利或害。天之所恶，孰知其故？天之道，不争而善胜，不言而善应，不召而自来，繟然而善谋。天网恢恢，疏而不失。

【释义】

勇①于敢②则杀，勇于不敢③则活。

①勇：本作"勈"，形声字，从"力"，与力气有关，指果敢，勇气。

②敢：《说文解字》："敢，进取也"，本文指为获得利益目标而不择手段的行为。

③不敢：即"敢"的对立面，本文指致力于制约利益目标属性反面因素的化解。

任何事物都有正反两方面的属性，二者对立统一，此强则彼弱，此弱则彼强，事物的发展方向始终由强者一方所决定，这是道的对立矛盾性及其依存转化性的必然外在体现。

世人如果因为惰性和贪欲，只图捷径，忽视事物反面属性及其形成因素，不择手段向欲望目标进取，那么就会因为反面因素的不断壮大而最终失败，所以这是一条不折不扣的死路。

反之，如果人们能正视事物属性的正反对立统一性及其相互依存转化规律，懂得化反从正的原则，洒脱地放下名利诱惑，将勇气和精力专注于事物负面属性及其发生形成因素的化解上，则事物正面属性因为缺少了反面制约因素而得以自然壮大，这种"处众人之所恶"、"为不为"的处事方式，才是一条真正实现理想的康庄大道。

此两者，或利或害。
天之所恶，孰知其故？

同样的理想，同样的追求奋斗，但是不懂道理的人只是紧盯利益所在，枉顾其反面制约因素，一味强取豪夺，结果铩羽而归；而懂得道理的人，却淡然面对眼前名利的诱惑，注意力集中在事物的反面属性，在化解世人不欲的事物属性上做功夫，结果理想中的事物属性得以顺利无碍地发展壮大。上天如此厚此薄彼的道理，世俗之中，有几人能真正懂得呢？

天之道，不争而善胜，不言而善应，
不召而自来，繟然而善谋。
天网恢恢，疏而不失。

面对心意向往之事物，符合宇宙大道法则的追求方式，不是强取豪夺，而是专注于制约事物发生形成的问题所在，尽全力化解、弥补、修正，让期待的事物按照本身的天然之道自然发生形成，通过这种实践模式所成就获得的事物是不可被破坏抢夺的。

一个始终执着于解决问题的人，其自身修养必然不断趋向完美，其开创的事业也必然会获得成功，这样的人，不需要自我宣扬，就能得到天下人心悦诚服的认可与响应。

一个专注且能够不断化解民生问题，为人民幸福生活创造良好条件的人，不需要特意召唤，天下人都会自愿归附。

尊奉天道原理行事的人，心境平和坦荡，似乎从来都不曾关注算计自身利益的得失，也没有整天为功名筹划操劳。但实际上，因为其从根本上解决了制约自身利益获取及理想实现的问题障碍所在，最后反而最大限度地保障了其利益获得，理想也得以顺利实现，这无疑是最高境界的谋划。

所以，天道就像一张恢宏无际的网，虽然不显山不露水，若有若无，难以直接感知，但实际上却支配着宇宙万物，没有什么东西可以脱离他的掌控。

【义理】

化反即得正，去失自然得，与其冒进强争，不如静心化解失机，这是大道规律的自然要求。所以最高明的处事方式，不是和人去争利，不是倡导正能量，不是骄傲自负。而是直面问题、直面困难、直面弱点，尽其所能克服。化解了一切负能量，留下的自然是正能量，理想也必然会实现。大道无所不在，无物不存，世人当时刻谨记、谨遵、谨循。

第七十四章

民不畏死,奈何以死惧之?若使民常畏死,而为奇者,吾得执而杀之,孰敢?常有司杀者杀。夫代司杀者杀,是谓代大匠斲,夫代大匠斲者,希有不伤其手矣。

【释义】

民不畏死,奈何以死惧之?

对死的恐惧、生的渴求是智慧人类的本能反应。人们之所以要建立国家,拥立君王,其内在的动因就是为了更好地协调组织全社会成员,相互帮助,共同应对化解生存困难和威胁,创造美好生活。

作为国家的最高管理者,君王的天职是如何最大限度地落实这一目的。但是,现实中,总有当政者因为利欲熏心,背离了基本职责所在,凭借手中至高无上的权力资源,肆意侵凌伤害人民的生存利益,成为民众的公敌。

孟子说:"所恶有甚于死者,故死有所不避也。"一旦人民被统治者压迫剥削到生不如死地步时,自然失去了对死亡的恐惧,随之而来的必然是各种形式的反抗。这种情况下,如果统治者还不自省,仍然试图通过惯常的暴力胁迫方式,乃至死刑来慑服天下老百姓,不但达不到预期目的,往往会引来更激烈的反抗。

若使民常畏死，而为奇者，吾得执而杀之，孰敢？

假如统治者能谨守其天职，始终以人民生命利益至上为原则治理国家，那么人民自然安居乐业，又有几人会轻视自己生命，放弃幸福生活，而悍不畏死、作奸犯科呢？

在这样的生活环境中，即使有个别人心怀不轨，心存侥幸，犯上作乱，只要把他抓起来，处以极刑，对其他存在类似心理的人，就会起到以儆效尤的威慑作用，迫使其彻底熄灭心中的那份邪念，这种情况下，谁还敢再为非作歹呢？

常有司杀者杀。夫代司杀者杀，
是谓代大匠斲，夫代大匠斲者，
希有不伤其手矣。

万物皆有其生死存亡规律，这是其自身道性正反依存转化机制的必然，其中正道司生，反道司杀，正反各司其职，万物依性而变化。具体到不同时空万物之间，因各自道性机理的不同，相互间又有特定的生杀作用关系模式，这既是天地万物的自然性分，也是天地万物之间平衡有序演变的机制保障。

如天地四时之气与自然界生命万物之间，春夏之气司万物生长，秋冬之气司万物杀藏，这是四时天地之气的自然性分之别，也是保障自然界生命万物有序平衡演变的重要机制基础。

作为宇宙万物之一，人类生命同样既有其自身的生死存亡之道，也有其外在的客观生杀因素。但人类因其独特的智慧性，尚有主观求生避害的欲望，为更好地趋利避害，保护自身身心健康，人类所以走向社会化、国家化。而作为国家的最高管理者，其基本的社会责任，是如何更好地维护保障人民的身心健康。

如果统治者枉顾人民生命利益于不顾，试图通过暴力杀伐手段来强行维持社会的稳定及其自身统治利益，就违背了人们组成社会、建立国家的初衷，等于违反了天职，这种反其道而行之的行为，必然会受到人民的强烈反抗。

所以，决定人民生死的权利，不应该在统治者的职责范围内，如果统治者试图越权干涉人民的生死，等于违背了其天职，最终必然会因为人民的反抗而反噬自身。这就像砍伐树木，本来是木工应该做的工作，如果外行人试图代替木工砍伐树木，那么鲜有不伤着自己手的。

【义理】

天地万物，各有其理，各有其性，各有其位，各有其用，世间没有任何一个事物可以无所不能。所以万物各司其职，是大道的必然结果，也是大道的必然要求。违反常规，越俎代庖，干了自己不该干的事，不仅干不好，而且还伤人害己，百无一是。

在人类社会中，统治者的天职就是维护老百姓的利益，保护老百姓的身心健康，而不是压迫伤害老百姓的生存利益。如果统治者违反了这一天然职责，威胁乃至让老百姓到生无可恋的地步时，面对的必然是老百姓的激烈反抗，历史已经无数次证明了这一点。

第七十五章

民之饥,以其上食税之多,是以饥。民之难治,以其上之有为,是以难治。民之轻死,以其上求生之厚,是以轻死。夫唯无以生为者,是贤于贵生。

【释义】

民之饥,以其上食税之多,是以饥。
民之难治,以其上之有为,是以难治。
民之轻死,以其上求生之厚,是以轻死。

老百姓陷入饥荒,是因为统治者粮税过重,超出了老百姓的负担能力。老百姓之所以不服管理,是因为统治者所制定的政令律法是以损伤老百姓的利益为代价来满足统治者自身欲望需求的。人民不在乎死,是因为统治者穷奢极欲、横征暴敛、压榨盘剥老百姓到使其无法生存下去的地步。

夫唯无以生为者,是贤于贵生。

君为舟,民为水,水可载舟,亦可覆舟。统治者的天职是为人民服务,在此过程赢得老百姓的拥戴,从而成就圣王事业。如果统治者违逆社会大众赋予的这种天职，把自己手中的权力仅仅作为服务自身或统治集团利益的工具，不顾老百姓死活，必然会被人民抛弃。

当统治者一心为民，不为自身谋福利，最终反而得到天下人的拥护，成就了人生理想，保障了自身利益；而当统治者一心为己，不顾人民死活，最终却竹篮打水一场空，什么都得不到。所以长远看，大公无私远比自私自利可贵。

【义理】

以损害他人利益为代价满足自己的欲望，是人生之大忌。特别是统治者，因为手握国家治理大权，以这样的心性治理国家，其社会危害性更大，如赋徭过度导致的大饥荒、扭曲民意导致的沸天民怨、强迫天下服务一己之私引发的暴力反抗等。

殊不知，欲速则不达，急功近利最终反而一事无成，乃至最终反噬己身，只有那些能够甘愿"受国之垢""处众人之所恶"，一心为民、无私奉献的统治者，因为得到天下苍生的真心拥戴，反而成就了人生理想。正所谓"不自私方能成其私"，长远看，无私奉献的"愚人"精神，远比自私自利的"智慧"信仰具有文明理想的实践价值。

第七十六章

人之生也柔弱，其死也坚强。草木之生也柔脆，其死也枯槁。故坚强者死之徒，柔弱者生之徒。是以兵强则灭，木强则折。强大处下，柔弱处上。

【释义】

人之生也柔弱，其死也坚强。
草木之生也柔脆，其死也枯槁。

　　道的对立矛盾统一性及其相互转化规律，决定了宏观事物属性的对立矛盾统一性及其消长转化性，这其中，死生之机无疑是最基础、最根本的。

　　事物发生形成之初，生机最强盛，死机最虚衰，但体现在形而下的外在征象上，这个时期事物最为柔弱。随着事物的不断成长，其生机逐渐衰弱，死机逐渐强盛，而体现在形而下的外在征象上，事物却逐渐趋向坚强。一旦死机大于生机时，事物外在征象达到坚强的极点，之后，随着死亡之机的继续增强，以及生机的不断湮灭，事物开始逐渐衰弱。当生机彻底断绝时，事物自然灭亡。

　　如人初生之时，虽然身体稚嫩柔弱，但内在生机却非常旺盛，所以其生命不断趋向强壮；而到盛壮期，虽然身体结实硬朗，但死机却日渐强大，所以其生命逐渐趋向衰亡。同样，草木初生之时，虽然枝体娇柔脆弱，可生机旺盛；而到盛壮期，虽然枝体粗壮坚硬，但死机日盛一日，直至最后枯槁而灭。

故坚强者死之徒，柔弱者生之徒。
是以兵强则灭，木强则折。

所以当事物发展到最坚强状态时，虽然外在风光无限，惹得无数英雄竞折腰，但实际上，这个时期其内在的生死之机正在发生着根本性的逆转，死亡之机此后彻底战胜生生之机，事物从此走向衰亡之路。而当事物处在柔弱状态时，虽然被世人所轻视，甚至嫌弃，但实际上，这个时期其内在生机勃勃，死机微弱，所以有广阔的发展壮大空间。

如历史上那些曾经自认为强大无匹的军队，虽然一时纵横四海，威风八面，但都气数不长，很快土崩瓦解。同样，自然界中，那些坚硬粗壮、蔚蔚壮观、鹤立鸡群的大树远比那些柔弱娇小的小树枯死得早，也更容易受到狂风暴雨的摧残以及人类的砍伐。

强大处下，柔弱处上。

事物发展到强大至极程度，即意味着其生生之机已经敌不过死亡毁灭之机，所以此后必然走向衰亡；事物处在柔弱状态，即意味着其生生之机十分旺盛，死亡毁灭之机微弱，所以此后还能够进一步发展壮大。

所以，懂得大道生死转化原理的人，总是想方设法化解事物的毁亡之机，培养其生生之机，让事物始终处在柔弱状态，使其有不断发展壮大的空间；而不是只顾事物生生之机的张扬，忽视事物的毁亡之机，让事物进入最强大状态。

【义理】

柔弱胜刚强，这是一个基于事物远期演化态势的观点。但世俗之人，显然绝大多数是基于事物当下而判断预估其好坏的。所谓三十年河东，三十年河西，生活中，唯有少数有远见且洞彻事物发生形成及其演化变迁内在机能的圣贤，才能真正识得这一哲学观点的真谛，并坚持应用这一哲学原理处事。

柔弱的本质是事物内在生生之机的旺盛以及毁亡之机的微弱，而不是事物外在征象弱小。一些事物，从外在征象角度看，与同类事物比较，可能已经很刚强了，可是因为特定的原因，其内在生生之机依然强盛，毁亡之机依然弱小，所以仍然保持柔弱形态，具有长远的发展潜力；一些事物，与同类事物比较，可能外在征象上还是柔弱不足，可是其内在的生机已经衰弱不堪，毁亡之机却十分强大，所以此后仍将趋于衰亡。

如何让事物永远，或者较长时期保持强大的生生之机，唯有坚持化反从正这条实践之路，古人谓之"生于忧患"，今人谓之问题导向主义。

第七十七章

　　天之道，其犹张弓欤！高者抑之，下者举之；有馀者损之，不足者补之。天之道，损有馀而补不足。人之道，则不然，损不足以奉有馀。孰能有馀以奉天下？唯有道者。是以圣人为而不恃，功成而不处，其不欲见贤。

【释义】

天之道，其犹张弓欤！
高者抑之，下者举之；
有馀者损之，不足者补之。

　　"反者道之动"，道是相互依存相互转化的正反动能统一体，此长则彼消，此消则彼长，盛极而衰，衰极而盛，循环往复，无始无终。体现在万物宏观属性上，如同围绕临界点来回震动的弹簧振子，在对立矛盾属性的消长转化过程中不断循环移动。

　　道的这种作用规律，神似挽弓射箭的射手，如果弓抬得过高就必须向下压压，如果弓压得太低就不得不向上举举。即始终坚持不偏不倚的适中原则，围绕合乎事物稳定存在发展的平衡点，损减过盛有馀一方的力量，增益虚弱不足一方的力量。

天之道，损有余而补不足。
人之道，则不然，损不足以奉有余。

天道减少有余，补给不足，这是其永恒的自然规律，也是宇宙万物演化自然遵守的天然法则。但是，人类却因为其独特的智慧能动性，及其由此而产生的贪欲情感作祟，试图超脱这个天然法则的束缚，凭借自己所拥有的各种便利条件，不择手段地去侵凌贪占属于别人的正当利益，结果形成损害贫穷不足、增益富足有余的偏激社会关系。这样的做法严重违背了人类社会的自然价值目标及其关系法则，最终必然会导致社会矛盾丛生、国家动荡不宁。

孰能有余以奉天下？
唯有道者。
是以圣人为而不恃，功成而不处，其不欲见贤。

现实之中，谁能真正做到"损有余而补不足"呢？大概唯有懂得"损有余而补不足"大道原理的圣人吧！

圣人虽然为维护老百姓利益呕心沥血，但从不倨傲骄横，损伤老百姓的利益。虽然为社会创造了大量物质精神财富，但从不贪为己有，而是奉献出来，让大众共同去享受。不在大众面前炫耀逞强自己的才华与意愿，而是尽可能让老百姓发扬自身的才智，按照老百姓自己的愿望自我发展。

【义理】

宇宙万物皆是在道推动作用下的气聚合体，所以万物存在必须遵守道"损有余而补不足"这个天然作用规律。

人类为更好地生存发展下去，彼此之间结成了社会关系，社会关系的本质要求就是维护全社会成员的利益，实现共生共荣。要达到这一点,"损有馀而补不足"是必须坚持的社会法则。因为只有这样,才能真正实现全社会成员同呼吸、共命运,齐心合力攻坚克难,不断推动人类文明的进步发展。

而世俗之中,人们常常利令智昏,被自己的私欲所左右,有意无意地通过损害他人利益满足自己的私欲。特别是社会底层的人,因为缺乏自我保护能力,更容易成为利益被损者;而相应地,权贵统治阶层,凭借其手中的权力资源等,常常成为加害人民利益的主流群体,由此形成"损不足以奉有馀"的扭曲社会关系。

这样的社会关系,显然严重背离了人类社会形成与存在的基本宗旨,成为社会动乱的导火索。谁能纠正人类文明发展过程中这一根本的错误,大概只有在懂道的圣人治理下才能实现吧。

第七十八章

　　天下莫柔弱于水，而攻坚强者莫之能胜，以其无以易之。弱之胜强，柔之胜刚，天下莫不知，莫能行。是以圣人云：受国之垢，是谓社稷主；受国不祥，是为天下王。正言若反。

【释义】

天下莫柔弱于水，而攻坚强者莫之能胜，以其无以易①之。

①易：变化。

　　万物都由微观不可再分的本原之气，在道的正反依存互化动能推动作用下相互化合而成。其中绝大多数，自然状态下，都会经历从简到繁、从小到大、从弱到强、从柔到刚的生发盛长过程。从形而上道机原理看，这个过程必然伴随各自生生机能的不断衰减，以及与之相对立的毁亡机能的不断增强。一旦毁亡机能胜过生生机能，意味着其形而下的器象属性发展到极点，此后随着毁亡机能的增强，生生机能的减弱，物体进入衰败过程，当生生机能耗尽之时，相应物体也就彻底灭亡。

　　所以，任何物体初生之时，显得最为柔弱的外在器象特征下潜藏的却是最为旺盛的内在生命力。如果一个物体产生形成之后，能够始终保持其初生时期的原始道机状态，那么外在器象虽然日渐强大，但因为内在生命力始终旺盛，毁亡机能被限制在最弱小程度，所以仍然会保持稳定、健康的成长。在道家看来，具有这种道机存在特征的物体是难以被毁灭、难以被战胜的。那么，在人类所熟知的自然界万物之中，有没有类似生存状态的物质呢？

《道德经》认为，水就有类似的生存性质。因为水天然禀赋化解自身毁亡机能的能力，宏观上始终保持至柔至弱、难以易变的性命状态，因而具有强大的生存力。所谓水滴石穿，任何坚强的物体，最终都经不起看似柔弱之水的攻击，因为这些物质根本上缺乏维系自身性状稳定存在的生生机能，致命的负面机能无处不存，所以即便没有外界的破坏，最终也必然会走向毁灭。

弱之胜强，柔之胜刚，天下莫不知，莫能行。
是以圣人云：受国之垢，是谓社稷主；
受国不祥，是为天下王。正言若反。

"柔弱者生之徒"，持守柔弱之道，不断化解毁亡之机，培养生生之机，实际上是一条让自身无限强大的途径，是一个不断化解负能量、消磨生存成长障碍、弥补生存缺陷的过程。"坚强者死之徒"，追求刚强之性，忽略毁亡之机的化解，一味强调正能量，极力张扬生生之机，长远看，实际上是一条自我毁灭之路，因为这是一个不断积累负能量的过程。

这个道理，天下人只要静下心来想，就能够大体明白。但是世俗之人因为贪生欲望的过度强烈，总是被功名利禄所蒙蔽，身心被不自觉牵引，因而举世皆走着一条投机取巧、唯利是图的求生捷径。殊不知，在此过程中，那些阻碍人们欲望属性发生形成及其发展壮大的负面因素却也正在悄无声息地发展壮大。当进展到利不敌害时，事物开始不可逆转地朝反面演变，功败垂成甚至身死道消就成为必然。

唯有圣人不仅深明这个道理，而且还能克服自身的贪欲，抛开功名利禄的诱惑，沉下心来，全力解决制约事物正面发展的负面因素，培养事物正面属性生生之机，创造理想实现的最佳条件。所以，圣人总是告诫那些志在天下的人：

当一个人能够坦然接受并能全心全意化解那些污垢一样制约国家生存发展的负面因素时，就自然可以担当这个国家社稷的主人；当一个人勇于承担国家灾难，并尽其所能化解这种困厄时，就可以成为天下人都愿意拥戴的君王了。

所以，正确的教化语言，是让人不断发现并纠正自身的缺陷不足，让人不断寻找并化解阻碍理想实现的问题矛盾所在，而不是歌功颂德，让人如何投机取巧去直接摄取利益。所谓苦口良药利于病，忠言逆耳利于行，最正直的话反而是反的，是世俗之人最不想听的。

【义理】

秉持柔弱之道，不断化解毁亡之机，使事物始终秉持旺盛的生生之机，最终必能战胜刚强至极的事物。天地万物中，天然拥有这种能力的，大概只有水了。

所以，一个人要想成就至高伟业，自身修养方面，必须要像水一样，始终秉持柔弱之道，不断克服纠正自身缺陷，完善自身品质；在处世过程中，则要像水一样，在天下苍生面前始终保持谦下无私精神；处事过程中，要像水一样，善于发现克服化解事物的弱点、缺点。

第七十九章

和大怨，必有馀怨；报怨以德，安，可以为善。是以圣人执左契，而不责于人。有德司契，无德司彻。天道无亲，常与善人。

【释义】

和①大怨，必有馀怨；报怨以德，安，可以为善②。是以圣人执左契，而不责于人。

①和：让不同的事物混杂兼容谓之和，如《广韵》："和，顺也，谐也，不坚不柔也"，调和之意。
②善：符合道德要求。
③契：古代借贷财物的凭据，劈为两半，左契由债权人保存，右契由负债人保存。

求生是人的本能，人对周围环境事物的怨恨仇视缘起于自身生存利益的受损及身心健康的被伤害。如果只是抱着调和缓解人们怨恨心理的目的采用安抚或者减轻损害、有限让利的办法去解决这些问题，意味着怨恨产生形成的根源没有得到彻底化解，所以难以避免仇恨的再次爆发，显然这不是最高明的解决问题的方法。

但是，如果基于大道原理的生生之德精神，专注于化解人们怨恨产生的根源，全力消除损害人们生存利益的事件，为人们生存利益的保障获取提供力所能及的帮助。如此，威胁损害人们生存利益的根本问题解决了，人们自然就不会再有怨恨心理，国泰民安水到渠成，显然这种解决民怨的方式，才称得上符合大道规律。

圣人正是秉持这样的原则来化解民怨的，他们"处众人之所恶""处无为之事，行不言之教"，全力解决损害人民利益的各种问题而毫无怨言；他们以"有馀以奉天下"，利益天下苍生，却始终"生而不有，为而不恃，长而不宰"，从来不要求回报。这就像虽然手持他人欠债的存根，却从不去追讨偿还。

有德司契，无德司彻①。
天道无亲，常与善人。

①彻：本义指撤除，撤去，本文指三代时期的田税制度，"十一而税谓彻"，即十取其一的税率。

有德之人，始终秉持着无私奉献的精神，所以总是服务于人，帮助于人，就像司职借贷救人的职业；无德的人，始终秉持损人利己的精神，所以总是盘剥他人，伤害他人，就像司职征税的职业。

"天地不仁，以万物为刍狗"，天道是无意识的，对世间万物没有丝毫主观的亲疏好恶之别，"同于道者，道亦乐得之；同于德者，德亦乐得之；同于失者，失亦乐得之"，这是宇宙的永恒的自然规律与法则。那些真正的成功人士，之所以能够成功，是因为他们深明天道的生生之理，思想行为始终不离道德规律；而世间的失败者，之所以失败，也是因为他们不懂天道的生生之理，思想行为违背远离了道德规律。

【义理】

"报怨以德，安，可以为善"一句，前人多断为"报怨以德，安可以为善"，这样的断句方式，"安"字只能作疑问助词来理解，但全句义理逻辑上讲不通。

没有无缘无故的怨，人的怨念都有其产生根源，而这个根源就是那些危害自身生命利益的事物。如何化解，有高下之分。

有以绥靖为原则者，采取的是安抚、让利等方法，显然这样的措施没有触及问题的根本，只是纸包火而已，只能得一时之安。另外一种则是釜底抽薪，直击问题根本，方法就是化反从正，这样的措施可谓得道德之精髓，过程虽然缓慢，但能一劳永逸解决问题。

人类文明自有其内在的发展规律，自古圣贤之所以能够成就流芳百世的伟业，是因为他们始终持守道德理念，始终以服务于人为己任，始终以解决问题为根本；而自古身败名裂者，是因为他们行事总是违逆道德，始终以盘剥他人利益为快乐，始终以功利主义为指向。

第八十章

小国寡民。使有什伯之器而不用,使民重死而不远徙。虽有舟舆,无所乘之。虽有甲兵,无所陈之。使民复结绳而用之。甘其食,美其服,安其居,乐其俗。邻国相望,鸡犬之声相闻,民至老死,不相往来。

【释义】

小国寡民。

"柔弱者,生之徒;坚强者,死之徒",要使一个国家生机无限,蒸蒸日上,长治久安,遵从道的正反对立依存互化原理,杜绝狂妄自大、自命不凡思想,秉持国小民少的弱者心态十分重要。因为只有强烈的危机忧患意识,才能使人始终保持谦虚谨慎的态度,并以时不待我、只争朝夕的勤勉精神,尽力化解导致国小民少的问题根本。

使有什伯①之器而不用。使民重死而不远徙。虽有舟舆,无所乘之。虽有甲兵,无所陈之。

①什伯:数量词,指超过十倍、百倍,如《孟子·滕文公上》:"夫物之不齐,物之情也。或相倍蓰,或相什伯,或相千万。"

一个充满道德精神的国度，具有以下几个特征：

一是寡欲不贪，世人虽然创造了大量物质财富，拥有各种丰富多彩的器物，但从不沉迷财富，更不玩物丧志。

二是心无怨恨，没有人与人之间的欺凌压迫，自由平等、慈爱互助精神充满人间，所以人人都能满意生活现状，珍惜现有生活，不为求生而四处奔波，更不会冒险迁徙。

三是淡泊宁静，不急功近利，不走捷径，一切按照大道原理，脚踏实地地去做事。

四是不以兵强天下，不以武力侵凌他国，始终秉持德服人心的理念，养兵只是为了保卫国家不受侵扰，保护人民不受伤害，达到不战而屈人之兵的威慑目的。

使民复结绳而用之。
甘其食，美其服，安其居，乐其俗。

总而言之，合道的社会文明，就是达到上古结绳记事时代那样简单、自然、质朴的生活境界。表现在世人的日常生活中，就是人人都能满意自己的饮食条件，喜爱自己的服装，安居自己的家园，乐于顺从世俗的道德规范。

邻国相望，鸡犬之声相闻，民至老死，不相往来。

而富有道德精神的国际关系，应表现为国界上没有重兵陈守，两国人民可以在边界上自由相遇相望，两边的鸡犬之声都可听得见，但是人民又都满意各自国家的生活，所以至死也不会投奔另一方。

【义理】

前贤多认为"小国寡民"的意思是"使国家变小，使人民稀少"，字面上这样理解似乎没有错，但是如果结合全书，这个观点明显有问题。因为《道德经》始终推崇"天下归往"的大国境界，认为人多力量大，互帮互助，和谐共荣，是人类有效战胜困难、提高生存质量的必要条件。

如《道德经》十三章说："故贵以身为天下，若可寄天下；爱以身为天下，若可托天下"；《道德经》六十章说："治大国，若烹小鲜。以道莅天下，其鬼不神"；《道德经》六十一章："大邦者下流，天下之交，天下之牝"；《道德经》六十六章："江海之所以能为百谷王者，以其善下之，故能为百谷王。是以圣人欲上民，以其言下之；欲先民，必以身后之。是以处上而民不重，处前而民不害。是以天下乐推而不厌。以其不争，故天下莫能与之争。"在这些地方，无论是"天下""大国"抑或"大邦"，都是与"使国家变小，使人民稀少"看法相矛盾的。

实际上，本文"小国寡民"所表达的意思在于要求国人始终要有"国家小，人民少"的弱者心态，以此激发国人特别是统治者的危机感以及忧患意识，提醒世人要时刻保持谦虚谨慎的人生态度，和时不待我、只争朝夕的奋斗精神，且不可骄傲自满，不可狂妄自大。目的在于鞭策国人，特别是统治者，要不断自省自纠制约国强民多的自然社会问题所在，培育国强民多的生生之机。

"小国寡民"的心态是一个国家拥有不断进步发展生生之机的基础。而一个理想的国度体现在外，就是国家富裕，世人不贪，社会和谐，天下太平，兵强不用，人人都满意自己的生活现状，国与国之间和平相处。

第八十一章

信言不美,美言不信。善者不辩,辩者不善。知者不博,博者不知。圣人不积,既以为人己愈有,既以与人己愈多。天之道,利而不害;圣人之道,为而不争。

【释义】

信①言不美,美言不信。

①信:会意字,从"人",从"言",意即按照言教可以求得相应结果,如《贾子道术》:"期果言当谓之信。"

能够引导他人实现预期目标的言教就是"信言",按照道的正反依存互化原理,"信言"是教人关注负能量,发现负能量,化解负能量,所以其始终聚焦于事物丑恶的一面,宗旨是批判主义,原则是问题导向主义。

能够取悦于人的言教是"美言","美言"的宗旨是关注正能量,发现正能量,宣扬正能量,所以其实践方式是歌功颂德,实质是回避掩盖负能量,价值取向是功利主义。按照道的正反依存互化原理,这样的言教无法引导人们实现预期目标。

所以,信言天生带刺,是不顺耳的,所以不美;美言天生醉人,听来如沐春风,却是不可信的。

善①者不辩，辩者不善。　　①善：高明，指近道。

辩论的目的是说服对方，让对方接受自己的观点，亦即把自己的思想意愿强加于人，让其按照自己的欲念生活。这实际上违背了道家文化崇尚的统治者"不敢为天下先""悠兮其贵言"，老百姓"功成事遂，百姓皆谓我自然"境界的自然"无为"精神。真正遵道的人，不会试图把自己的意愿强加于人，所以不会和别人辩论是非好坏，不会强人所难；那些试图通过辩论把自己的意愿观点强加于人的做法，违背了道德原理，所以实际上并不高明。

知①者不博，博者不知。　　①知：知道，懂得，《庄子·外物》："心彻为知。"

懂道的人，时刻体会到世间万象的复杂多变及其内在成因的幽深晦涩，总是自思自身认知能力的局限，不觉得自己彻底明白这个世界，所以从不以博学自居。

不懂道的人，没有时空观念，没有因果意识，没有理性思维，以为感官知觉所得就是这个世界的全部。所以只要对事物表象略有认识，就认为自己已经懂得了全部，然后自信满满，唯我独尊，凡事指手画脚，其实这样的人是无知之人，其所懂得的实际上非常有限。

圣人不积，既①以为人己愈有，既以与人己愈多。　　①既：会意字，甲骨文字形，左边是食器的形状，右边像一人吃罢而掉转身体将要离开的样子，表示吃饱饭，不能再吃了，本文引申其意，指尽其所能之意。下同。

面对困难重重、危机四伏的时空环境，人类个人的生存应对能力微不足道，所以圣人始终秉持共生共荣道德信念，奉行"以有馀奉天下"的精神为民谋福利，不会私藏己能，也不会囤聚个人财富。

在尽己所能帮助他人解决各种生存问题的过程中，反而进一步开阔了视野，增加了知识，提高了能力，使自己精神上更加富有。在倾其物质财富周济他人的过程中，得到更多人的尊敬与拥戴，成为天下之主，反而拥有整个天下。

天之道，利而不害；
圣人之道，为而不争。

宇宙大道生养万物，但从来不贪占万物，更不会主观左右万物的发展，因为天道是自然而然的。同样，圣人秉持共生光荣的理念，为天下老百姓的生存利益的维护创造，奉献自己的智慧与财富，从来不会和天下老百姓争利。

【义理】

本章是对道德之性及其社会价值的总结。

道德的理论根基是"反者道之动，弱者道之用"，其核心内涵是正反依存互化。道德的哲学逻辑是"天地与我并生，万物与我为一"思想基础上的"人法地，地法天，天法道，道法自然"原理的天人合一思想。道德的人文精神是"万物并育而不相害，道并行而不相悖"的和谐共生原则。道德的实践方法是"行不言之教，处无为之事"模式的化反从正实践路径。道德的价值意义是"既以为人己愈有，既以与人己愈多"。体现在世俗生活中，道德以"信言不美""善者不辩""知者不博""不积""为人""与人""为而不争"等为特点。

参考文献

1. （春秋）孔子. 论语[M]. 北京：中华书局，2006年。
2. （先秦）周易[M]，上海：上海古籍出版社，1987年。
3. （战国）韩非，韩非子[M]，北京：中华书局，2010年。
4. （三国）王弼，道德真经注[M]，南京：凤凰出版社，2018年。
5. （汉）河上公，老子道德经河上公章句[M]，北京：中华书局，2006年。
6. （唐）李隆基，唐玄宗御注三经[M]，西安：三秦出版社，2017年。
7. （宋）叶梦得，老子解[M]，长沙叶氏观古堂，1935年。
8. （宋）范应元，老子道德经古本集注直解[M]，北京：国家图书馆出版社，2014年。
9. （明）朱元璋，御注道德真经（正统道藏）[M]，天津：天津古籍出版社，1987年。
10. （明）释德清，老子道德经解[M]，武汉：崇文书局，2015年。
11. （清）魏源，老子本义[M]，上海：商务印书馆，1937年。
12. （清）严复，老子道德经评点[M]，台湾：广文书局，1975年。
13. 马叙伦，老子校诂[M]，北京：中华书局，1974年。
14. 高亨，老子正诂[M]，北京：清华大学出版社，2011年。
15. 严灵峰，老子达解[M]，台湾：华正书局有限公司，2008年。
16. 许抗生，帛书老子注译与研究[M]，杭州：浙江人民出版社，1982年。
17. 高明，帛书老子校注[M]，北京：中华书局，1996年。
18. 彭浩，郭店楚简老子校读[M]，武汉：湖北人民出版社，2001年。
19. 李零，郭店楚简校读记[M]，北京：北京大学出版社，2002年。
20. 蒋锡昌，老子校诂[M]，成都：成都古籍书店，1988年。
21. 陈鼓应，老子今译今注[M]，北京：商务印书馆，2017年。
22. （宋）朱熹，朱子语类[M]. 北京：中华书局，1986年。

23.（汉）刘安，淮南子[M]，北京：中华书局，2009年。

24.（元）张兴材，（杜道坚）道德玄经原旨·序（《道藏》第十二册）[M]。

25.马将伟，道德经译注[M]．北京：中华书局，2015年。

26.李世东、陈应发、杨国荣，老子文化与现代文明[M]，北京：中国社会出版社，2008年。

27.（汉）戴圣，礼记[M]，郑州：中州古籍出版社，2015年。

28.（汉）许慎，说文解字[M]，北京：中国华侨出版，2012年。

29.（春秋）诗经[M]，西安：三秦出版社，2018。

30.（战国）孟子，孟子[M]，上海：上海古籍出版社，1987年。

31.（清）王念孙，广雅疏证[M]，南京：凤凰出版社，2000年。

32.（春秋）尚书[M]，上海：上海古籍出版社，2015年。

33.（汉）班固，汉书[M]，北京：中华书局，2016年。

34.周祖谟，广韵校本[M]，北京：中华书局，2017年。

35.陈桐生译注，国语[M]，北京：中华书局，2013年。

36.杨伯峻编著，春秋左传注[M]，北京：中华书局，2016年。

37.方勇译注，庄子[M]，北京：中华书局，2015年。

38.方勇译注，墨子[M]，北京：中华书局，2015年。

39.（汉）贾谊，新书校注（新编诸子集成）[M]，北京：中华书局，2017年。

40.（汉）司马迁撰，史记[M]，长沙：岳麓书社，2012年。

41.（清）阮元，阮刻礼记注疏[M]，杭州：浙江大学出版社，2015年。

42.（战国）管子，管子[M]，北京：中华书局，2004年。

43.王明编，太平经[M]，北京：中华书局，2014年。